Universidad de Valladolid
Facultad de Filosofia y Letras

AF273914

EL INCENDIO DE VALLADOLID EN 1561

POR

FILEMON ARRIBAS ARRANZ

N.º 17

Estudios y Documentos
Cuadernos de Historia Moderna

1960

© de la presente edición
   del 2025:

Editorial Gráficas Maxtor
   Fray Luis de León, 20
   47002 Valladolid (España)
   +34 983 090 110
   info@graficasmaxtor.es
   www.graficasmaxtor.es

I.S.B.N. 978-84-1171-126-5
depósito legal: DL VA 586-2025

INDICE

DEPOSITOS DOCUMENTALES

A. G. S.—Archivo General de Simancas.

A. H. N.—Archivo Histórico Nacional.

A. H. P. Va.—Archivo Histórico Provincial y Universitario de Valladolid.

A. M. Va.—Archivo Municipal de Valladolid.

A. R. Ch. Va.—Archivo de la Real Chancillería de Valladolid.

INTRODUCCION

A lo largo de la vida de los pueblos que es tanto como decir al correr de su Historia, todos ellos guardan en lo profundo de su conciencia recuerdos de los hombres que los honraron y de modo especial de aquéllos que además, vieron la luz primera en alguna de sus casas o que avecindados en ellas, contribuyeron al engrandecimiento de la entidad con la creación y el establecimiento de una familia.

Es posible que haya excepciones y sin que mis palabras sean más que el exponente de una opinión, me atrevo a señalar a modo de ejemplo que notoria excepción es, en Valladolid, la persona del rey Felipe II de España, hombre de imborrable recuerdo, aquel niño hijo del César y de la Emperatriz Isabel cuya belleza recogieron y conservaron hasta nosotros para nuestra admiración los pinceles de Ticiano y cuya belleza sirvió, después de agostada para encaminar hacia los altares al Duque de Gandía bajo el nombre de San Francisco de Borja; aquel niño nacido bajo el signo del saco de Roma, adiestrado mientras joven en el gobierno de la monarquía más poderosa de su tiempo, apenado por el dolor del amor perdido en el segundo año de su primer matrimonio, a quien le surgen problemas de tal magnitud que su resolución fue causa de encontrados juicios sobre el acierto o desacierto de su reinado.

Vallisoletano de nacimiento y de corazón, decoró de continuo la población con sus mercedes, haciéndole dar el salto que de la Edad Media la llevó a la Moderna, concediéndole todo cuanto pudo concederle para su mayor prestancia y riqueza y dejando en ella la huella imperecedera *de su poderío y de su vallisoletanismo. Sin embargo, causas cuya exposición es ajena a nuestro propósito en este momento, han mantenido la figura de Felipe II bajo una red de tejido tan opaco que pocos vallisoletanos, individual y corporativamente considerados, han apreciado en su justo valor cuánto aquél hizo por nuestra ciudad.*

Los historiadores locales en sus respectivas obras (1) ofrecen relaciones más o menos extensas de la situación de Valladolid y mercedes obtenidas por la entonces villa en la segunda mitad del siglo XVI, pero más recientemente Andrés Agapito y García, publicó (2) una interesante colección de noticias, muchas de ellas inéditas, procedentes de los libros de acuerdos del Ayuntamiento debidamente ordenadas, que constituyen un buen índice aunque no completo de temas vallisoletanos correspondientes al reinado de Felipe II, susceptibles de sendos estudios monográficos.

De todos los acontecimientos vallisoletanos a que estamos aludiendo hemos elegido para esta ocasión, exponer uno de ellos que por las circunstancias en que se produjo, por sus repercusiones de tipo artístico y urbanístico, jurídico, social y económico, análogas a las producidas en nuestros tiempos en otra ciudad castellana, puede considerarse en sus soluciones como modelo de las adoptadas no hace muchos años en Santander (3), casi cuatrocientos

---

(1) JUAN ANTOLÍNEZ DE BURGOS. *Historia de la Muy Noble y siempre Muy Leal ciudad de Valladolid.* Ms. en Biblioteca Universitaria de Valladolid.

MANUEL CANESI. *Historia de Valladolid.* Ms en Biblioteca de la Excelentísima Diputación Provincial de Vizcaya.

MATÍAS SANGRADOR VITORES. *Historia de la Muy Noble y Leal ciudad de Valladolid.* Valladolid, 1851. Tomo I, pág. 386.

JUAN ORTEGA Y RUBIO. *Historia de Valladolid.* Valladolid. 1881. Tomo II, pág. 55.

(2) ANDRÉS AGAPITO Y GARCÍA. *Valladolid, ciudad: sus orígenes.* Valladolid (S. a. Posterior a 1921).

(3) JOAQUÍN REGUERA SEVILLA. *El tratamiento jurídico de una catástrofe.* Santander, 1950.

años después de aquéllas. Me estoy refiriendo al incendio de Valladolid en 1561 y reedificación posterior de la población.

Ciertamente que será raro el vallisoletano que ignore el funesto incendio de 1561, porque por tradición se ha venido conservando la noticia juntamente con la complementaria de que los soportales existentes hoy en la ciudad e incluso alguna otra calle como la de la Platería, fueron construídos o reconstruídos uniformemente a raíz de aquel incendio.

Raro es también el historiador, erudito o aficionado, que desconoce la existencia en el Archivo Municipal de una colección de documentos cosidos o encuadernados, cartas y cédulas reales e instrucciones, referentes a este asunto; pero también es extraño que tan atrayente tema no haya pasado de estos estados de conocimento.

Cuando hemos intentado profundizar en su estudio, hemos quedado asombrado y abrumado por la insospechada abundancia de datos encontrados tanto en el citado Archivo Municipal como en el Histórico Nacional de Madrid, y en los vallisoletanos de Simancas y de la Real Audiencia y Chancillería (otras dos acertadas creaciones de Felipe II) y en el Histórico Provincial donde se custodian los protocolos existentes de los escribanos del número, antecesores de nuestros notarios de hoy.

Tanto ha sido el material reunido y tanto es el existente que, atendiendo a las circunstancias, hemos debido hacer una selección, reduciendo a un mínimo de noticias generales ilustradas con algún ejemplo de casos singulares, las numerosas conservadas que permitirían sin duda alguna, documentar la reedificación, casi casa por casa y ducado por ducado.

EL INCENDIO

El 21 de setiembre de 1561, Valladolid fue víctima de una gran desdicha.

Un incendio iniciado en la casa que hacía esquina a las calles de la Costanilla (hoy Platería) y Cantarranas, impelido por el fuerte viento reinante, destruyó parte de la ciudad en el espacio de unas cincuenta horas que duró hasta que pudo ser atajado y extinguido. Desde la Platería, dividido el fuego en dos direcciones, alcanzó como puntos extremos la Rinconada por un lado y el Corrillo y Plaza Mayor por el otro, destruyendo cuatrocientas cuarenta casas.

Las noticias fehacientes más cercanas al suceso son las consignadas en el acta de la sesión del Ayuntamiento, celebrada apenas se habían apagado los últimos rescoldos, el miércoles 24 y se refieren escuetamente a los lugares afectados y al tiempo de duración del siniestro. En ella se consigna que el fuego había quemado «el sitio de la Costanilla e corral de la Copera e Plaça Mayor e Rinconada e Especeria e las calles de los Corrillos de los Roperos e Joyeros e la Lençeria e Calçeteros e la Traperia y el sitio que se llama de Juan de Morillo e los Guarnicioneros e la calle de Cantarranas e parte de la calle Empedrada y el Malcocinado e Sonbebreria e casas del Consistorio e Lançeria... lo qual todo se começo a quemar domingo dia de señor San Mateo, a las dos oras de la mañana, que se contaron veinte e un dias d'este mes de setiembre e se acabó ayer martes veynte e tres del dicho mes e año» (4).

Los lugares mencionados corresponden a las calles que hoy se denominan de la Platería, Conde Ansúrez, Plaza Mayor (lados N. y E.), Rinconada, Especería, Corrillo, Ochavo, Lencería, Viana, Guarnicioneros, Cantarranas y parte del Caballo de Troya y de Francisco Zarandona.

Dos historiadores de nuestra ciudad, antes citados, que escribieron sus obras años después del suceso, lo recogieron en ellas, el primero con pormenores que hubo de conocer por tradición oral o posiblemente por alguna *relación* de las entonces tan en boga, que los imprimiera y circulase como noticia sensacional del momento; el segundo por la obra del anterior.

Juan Antolínez de Burgos debió terminar de escribir la primera parte de su *Historia de la muy Noble y siempre muy Leal ciudad de Valladolid* a mediados de 1625 (5); habiendo nacido hacia 1557 y habiendo sido criado en casa de sus abuelos, a éstos y a otras personas de la población tuvo que oír referir más de una vez el luctuoso suceso.

De su obra dada a las prensas doscientos cincuenta

_____

(4) A. M. Va. Libro de acuerdos, n.º 8, (1561-1568), hoja 95. Este libro que actualmente tiene como signatura el número 8, está constituído desde antiguo por la encuadernación conjunta de dos de ellos, los cuales consignan al comienzo de cada uno, notas suficientes para identificarlos como piezas originariamente independientes.

El primero se titula «Libro de rregimiento de Valladolid que comienza a 3 de henero de 1561 y acava en 22 de diziembre de 1564 años». Es del escribano mayor del Ayuntamiento Gaspar de Salcedo, quien desde 9 de septiembre de 1561 hasta finales del año 1562 fue sustituído por Luis de Carrión, escribano del número, con título de «lugarteniente» de aquél.

El segundo tiene por encabezamiento «Libro del rregimiento de la villa de Valladolid que comienza a tres de henero de mill y quinientos y sesenta y cinco en adelante» y en él figuran los acuerdos tomados hasta 24 de diciembre de 1568, ante el escribano Juan Bravo.

(5) Narciso Alonso Cortés. *Miscelánea vallisoletana*. Valladolid, 1955. Tomo I, pág. 483-508.

años después (6) se conservan varios ejemplares manuscritos y en todos los que hemos examinado. la narración del incendio es idéntica. «En el año de 1561, domingo 21 de septiembre, dia de San Matheo, sucedio que quatro oras antes de amanecer comenzo a abrassarse el lugar, tubo principio el fuego en las cassas de Juan Granada (7), platero; es la casa como se entra en la Plateria por el lado de Cantarranas a mano yzquierda. Fue tan terrible que en espacio de seis oras abia bolado toda la Costanilla que asi se llamaba esta parte que oi es la Plateria; fue ayudada esta tempestad de un aire mui fuerte que corria, con que parecia que el enemigo del genero humano lo atizaba, entro el fuego por la Espezeria, Roperia y Rinconada y llegando a una fuente que corria en medio, no prosiguio por aquella parte por la buena ynteligencia que se tubo derribando unas cassas antes que prendiesen en ellas el fuego, de alli salto al Corrillo y Zapateria Bieja (8) y toda la Plaza Mayor».

«Los rreligiosos de todas ordenes acudieron a apagarle sin que de esta accion se escusasen los monges de San Benito, tal fue la necessidad que les obligaron no obstante su clausura a inobar en su observancia. Salio de la Iglessia Mayor toda la clerecia y bino en prozession a sacar a Nuestra Señora de San Lorenzo y trageronla a un altar que se izo en el Ochavo donde se dijo missa. El combento de San Francisco sacó en procession al Santisimo Sacramento y por ser tanto el humo y polbo de las cassas que

---

(6) JUAN ANTOLÍNEZ DE BURGOS. *Historia de Valladolid*. Publicada, corregida, anotada y adicionada con una advertencia por D. Juan Ortega y Rubio. Valladolid, 1887.

(7) Corregimos el apellido Granado del original, generalizado en las obras posteriores, por Granada, que es el que figura en el vecindario del Archivo de Simancas, de que se habla más adelante.

(8) Tal vez error de copia por «Panadería vieja» que era el nombre del lugar situado entre el Corrillo y la Plaza Mayor.

en el fuego se undian, fue forzoso rretirarse con el altar a la calle de Theressa Jil».

«Por cinco partes caminaba el fuego y siendo uno, se dibidio en tantas, asi para abrebiar la execucion de sus daños como para alargar la confussion de tantos como en aplacarle entendian, que eran mas de 3 mil personas sin los muchos superintendentes que gobernaban esta acción, que eran Presidente, Oidores, Alcaldes y Rejidores todos los señores que se allaban en esta ocasion en Balladolid. Señalosse entre todos don Rodrigo Manuel, hermano de el obispo don Juan Manuel de quien ya dijimos en esta Historia y emos echo mencion».

«De todas las aldeas vezinas concurrio gran cantidad de gente con todos los ynstrumentos que para atajar esta calamidad se rrequerian; las aciendas se llevavan a las yglesias mas retiradas; los plateros defendian el oro y la plata echandolo en los pozos».

«Prendio el fuego en el combento de San Francisco por dos partes entrando por las casas donde bibio Don Baltasar de Paredes, obligó a los rreligiosos a sacar la plata y ornamentos de el serbicio de la yglesia y llebarlos al combento de las Descalzas que era donde oi es el Corpus» (9).

«Fue gran marabilla y gran misericordia que en un fuego tan beemente y tan dilatado que duro 30 oras (10) no peligrasen más que tres personas» (11).

El otro historiador fue don Manuel Canesí cuya obra, escrita en el siglo XVIII en seis gruesos tomos, en único

---

(9) Fuera de la Puerta del Campo, en lo que luego fue Acera de Recoletos.
(10) Desde las dos de la mañana del día 21 hasta el día 23 en que terminó, según el acta del Ayuntamiento, transcurrieron más de 46 horas.
(1) Biblioteca Nacional. Madrid. *Manuscritos*, n.º 19325, páginas 243-246.

ejemplar se conserva en la Biblioteca de la Excelentísima Diputación Provincial de Vizcaya. Sigue fidelísimamente a Antolínez, actualizando la narración con los nombres que a la sazón, siglo y medio más tarde, habían tomado las calles y citando los de algunos propietarios de su tiempo, sin duda bien conocidos, para localizar mejor los sitios de las casas que citaba, pero sin agregar ninguna noticia nueva. (12)

La importancia urbanística y demográfica de Valladolid en esta época nos es conocida por una' información que el mismo año 1561, por los meses de junio y julio, se había hecho por mandado del Rey, con fines fiscales y ante el escribano de rentas Cristóbal de Oviedo. Trátase de un registro o padrón de los vecinos y moradores de Valladolid relacionados por parroquias y dentro de éstas, algunas veces, por calles con expresión de las casas habitadas y de las yermas o inhabitadas, aunque en él no figuran los monasterios. conventos, iglesias y otros edificios públicos (13).

Según la diligencia final del *Memorial* testimoniado por el citado Oviedo, aparecen reseñadas 6.564 casas y 6.600 vecinos, y según una nota referente al mismo registro. consignada en un libro del Ayuntamiento (14) por su escribano Gaspar de Salcedo, existían 6.547 casas de las

---

(12) *Obra citada.* Tomo VI, hoja 10. La importancia para Valladolid de la Historia de Canesí es obvia y se ha puesto de manifiesto muchas veces.

Documentos de los Reyes Católicos relacionados con Valladolid, publicados con notas e introducción por D. Filemón Arribas Arranz. En «Cuadernos de la Cátedra de Paleografía y Diplomática». Valladolid, 1953, pág. XII.

DOMINGO RODRÍGUEZ MARTÍN. *Biblioteca vallisoletana.* Valladolid, 1955, pág. 81.

(13) A. G. S. *Expedientes de Hacienda.* Legajo 194: «Memorial de los vezinos y moradores d'esta muy noble y leal villa de Valladolid, casados, biudas, clérigos, hecho en este año del Señor de mill e quinientos e sesenta e un años.»

(14) A. M. Va. Libro de acuerdos n.º 8 (1561-1568), hoja 1.ª

cuales estaban deshabitadas 856 y vivían en Valladolid 7.537 vecinos. La diferencia de las primeras es relativamente inapreciable mientras que la de los segundos, que asciende a 937, pudiera corresponder a los religiosos no incluídos en el padrón.

Como quiera que por otra parte el Dr. Marcos Salón de Paz, más conocido por Dr. Burgos de Paz, como él se firmaba, en su comentario a la ley 3.ª de Toro, 1.ª parte número 525 (15) asegura que desde 1551 hasta el de 1557 en solos siete años se levantaron en Valladolid y se acabaron del todo ochocientas casas nuevas y se empezaron otras muchas, hay que suponer o una necesidad de reedificar casas más antiguas o una conveniencia de nuevos alojamientos para en uno y otro caso poder atender la población fija y la flotante que la permanencia de la Corte atraía a la villa, y cuyo descenso se iniciaría tan pronto como aquélla se estableció en Madrid.

Gracias al tan interesante vecindario citado, hemos podido averiguar parcialmente la importancia del siniestro en números estadísticos.

La calle de la Costanilla que pertenecía a las parroquias de San Miguel y El Salvador cuyo límite sería el río Esgueva, que viniendo por detrás de Cantarranas atravesaba la calle por su mitad bajo los edificios, contaba 194 casas, 25 de ellas yermas, y 221 vecinos. En último lugar de la parte de la parroquia de San Miguel, o sea

---

(15) *Doctoris Burgensis Marci Salon de Pace ad leges Taurinas insignis comentarii nunc primum in lucem editi...*=Pinciae. Francisco Fernández de Cordoba, 1568. fol. 236 v.º

«In nostro Pintiano oppido sepissime contingit (qui et in dies edifitiis templis que decoratur et quotidie hominibus augetur, nam quidem ab anno Salutis 1551 usque ad integrum annum 1557, in eodem oppido aedes octocentae recenter sunt constructae, et singulis diebus complures aliae aedificantur».

en la casa de la esquina, figura el platero Juan Granada en cuya casa comenzó el incendio (16).

El corral de la Copera no figura con este nombre en el vecindario de referencia, pero sí con el más antiguo de Azoguejo (17), que comprendía 37 casas (35 habitadas y 2 yermas) con 48 vecinos.

La Plaza Mayor, Rinconada y Especería se incluyen en aquel documento bajo los epígrafes «Plaza Mayor desde el pasadizo de D. Alonso», «Encima de la Panadería Vieja», «Rededor de la Panadería» y «calle de Jerez», todas las cuales comprendían 52 casas (43 habitadas y 9 yermas) con 43 vecinos.

Las calles de los Roperos y Joyeros tenía respectivamente 10 casas con 12 vecinos y 16 casas con 22 vecinos.

En el mismo vecindario figura la calle de Cantarranas con 92 casas (3 deshabitadas) y 136 vecinos; la calle Empedrada con 12 casas (1 yerma) y 12 vecinos, y el Malcocinado, núcleo importante a espaldas de la Platería, entre la orilla izquierda del Esgueva y la Rinconada, con 181 casas (sólo 9 deshabitadas) y 208 vecinos.

De este conjunto urbano integrado por un total de 670 casas de las cuales estaban inhabitadas 51, fue de donde desaparecieron 440 según la noticia de Antolínez de Burgos, a las cuales hubieron de unirse las que posteriormente fueron derribadas para formar o regularizar la Plaza Mayor y calles del nuevo trazado.

---

(16) A. G. S. *Expedientes de Hacienda.* Leg. 194, documentos citados, hoja 19 v.ª

(17) JUAN AGAPITO Y REVILLA. *Las calles de Valladolid.* Valladolid, 1937. Pág. 87. Calle del Conde Ansúrez.

EL AYUNTAMIENTO ANTE EL SUCESO

Si con espíritu crítico y examinando los datos estadísticos, pretendiésemos enjuiciar el suceso y disminuirle importancia podríamos alegar que las casas siniestradas fueron menos que las que estaban deshabitadas de donde deduciríamos que no se ofreció problema de alojamiento, pero si, encuadrados en la realidad, lo hacemos atendiendo a la situación urbana de las viviendas quemadas, al comercio en ellas establecido y a la pérdida que suponía esta falta de comercio y artesanía tanto para las economías privada como vecinal, hemos de estar de acuerdo con los contemporáneos en la importancia dada al incendio y estimar acertada y puesta en su punto la preocupación del Ayuntamiento por procurar soluciones de urgencia que remediasen el desastre.

Pero en pleno siglo XVI los hombres no ignoran la intervención de la Providencia y antes de buscar remedios a las desgracias terrenales elevan el pensamiento a la Divinidad. Así, el Ayuntamiento reunido en la sesión que poco antes hemos mencionado, acuerda que de entonces en adelante *perpetuamente* se hiciese el día 21 de septiembre de cada año una procesión general «en que baya el Cabildo de la Iglesia mayor e toda la clerecia e ordenes e confradias e todo el pueblo, desde la Iglesia maior a la iglesia e monasterio que se acordare» para suplicar a Nuestro

Señor librase a los vecinos de tales trabajos como el padecido (18).

Cumplida esta obligación, los hombres volvieron sus miradas al vallisoletano que a la sazón gobernaba el reino, a Felipe II, a quien se dio cuenta del suceso y a quien se suplicó su valimiento para remediar el daño, de cuya misión se encargó personalmente el Corregidor D. Luis Osorio.

Acto seguido se consideró la ruina sobrevenida a los que padecieron el siniestro y se vio la necesidad de organizar una suscripción, la cual ciertamente no tuvo carácter público, como hoy suele hacerse, sino que se trató con el Cabildo de la Iglesia mayor para que como personas eclesiásticas se encargase de «pedir limosna a toda la gente prinçipal», si bien posteriormente se completó el acuerdo comisionando a los regidores Alonso de Santisteban y Hernán de Figueroa para que se juntasen con dicho cabildo a pedir por la villa «por el remedio» de aquellos damnificados (19).

Y por último, tocante a la vida privada y pública de los damnificados se trató de su alojamiento y de proporcionarles lugares donde pudiesen continuar el ejercicio de su comercio y profesiones. Respecto del alojamiento, se siguió el procedimiento que la experiencia había perfeccionado en las múltiples veces que la andariega Corte había venido a Valladolid y así se siguió «ni más ni menos como en tiempo de Corte se suele e acostumbra hacer» (20). De este modo los aposentados tenían una cédula u orden por escrito y el precio del aposentamiento se fijaba por una comisión municipal para evitar abusos, todo ello previo acuerdo con la Real Audiencia.

---

(18) A. M. Va. Libro de acuerdos n.º 8 (1561-1568), folio 95 v.º
(19) *Loc. cit.* Fols. 96 v.º y 104 v.º
(20) *Loc. cit.* Fol. 97.

Respecto de los locales comerciales e industriales de los pequeños artesanos, el Ayuntamiento pensó dos procedimientos: uno, que se hiciese un trazado o «traça de calles en la Plaça donde se les dé sitios en que hagan tiendas de prestado donde tengan sus oficios», y otro, que se instalasen en las calles adyacentes a la Plaza, sin duda tanto en aquéllas que quedaron indemnes como en las que había sufrido el fuego, pues lo que interesaba era que «todo el comercio esté en la Plaça e calles alrrededor e no en otra parte por la comodidad que d'ello se sigue a beneficio de la república» (21).

En este repartimiento de sitios se trató de asentar a los plateros en el Corral de la Copera y en Cantarranas; los traperos y joyeros en las casas de Baltasar de Paredes hasta donde cupieren, tomando una acera de la calle de Santiago; los especieros en la otra acera de la misma calle de Santiago y con ellos Pedro de Losa, boticario, a quien se le quemaron sus casas y hacienda; los lenceros en tiendas que mirasen a las de los traperos; los calceteros y juberos en la acera de dichos lenceros y en otras tiendas que mirasen a la acera quemada; los tundidores, en los pilares de los traperos; los cordoneros, alrededor del taller de la Plaza Mayor; los merceros y libreros que acostumbraban a estar debajo de las casas del Consistorio harían sus tiendas en el sitio de los vidrios y gallineras; los roperos, en la calle de Zúñiga; los manteros de caballos en las casas que están junto a San Benito y en las otras casas que quedaron sin quemar (actual Rinconada); los sombrereros en la calle del Campo hasta la puerta del mismo nombre, (segunda mitad de la calle de Santiago).

El día siguiente 27 se considera una protesta de los roperos que no aceptaban la calle de Zúñiga y se acordó

---

(21) *Loc. cit.* Fols. 96 v.º y 97.

aposentarlos donde solían estar «las berzeras» o verduleras de la villa (22).

Ciertamente que muchos de los lugares acabados de indicar son de difícil identificación pero a pesar de ello, la distribución reseñada es prueba inequivoca del número de gremios perjudicados y del interés del Ayuntamiento por solucionar tan agobiante problema.

El mismo día 27 se toman otros acuerdos relacionados con los sitios «de prestado» que se iban a ceder en la propia Plaza Mayor, los cuales se otorgarían mediante escritura excusivamente a aquéllos cuyas tiendas se quemaron, y con arreglo a determinadas condiciones tales como que la concesión caducaría cuando el Ayuntamiento lo acordase sin reclamación posible por el concesionario y que su altura de frente sería de nueve pies y con el caballete de tejado, doce, sin que se permitiese armar sobrados o desvanes en ellas.

Los sitios fueron otorgados inmediatamente y con la misma rapidez se activó la construcción, ya que a las 48 horas del acuerdo, el día 29, en otra sesión del Ayuntamiento, el regidor Jerónimo de la Bastida denuncia que se habían dado muchas tiendas a personas cuyas casas no se quemaron y además que las tiendas hechas eran de mayor altura y anchura que las acordadas por la villa (23).

Mientras tanto, el Corregidor ha hecho sus jornadas hasta llegar a Madrid donde estaba en aquel momento la Corte, ha sido recibido por el Rey a quien ha expuesto personalmente al motivo de su viaje y le ha descrito la situación de su Valladolid; se ha consultado con el Consejo de la Cámara de Castilla y el Rey afectado por la desgracia

---

(22) *Loc. cit.* Fols. 96 v.º y 100.
(23) *Loc. cit.* Fols. 100 a 101.

de tan insigne villa, ha firmado las primeras providencias los días 9 y 10 de octubre.

Don Luis de Osorio no demora su regreso y el 13 de octubre está ya en su puesto presidiendo la sesión ordinaria del Ayuntamiento al que presenta una cédula y una provisión reales fechadas el día 9 de dicho mes, primeras de una serie numerosa de disposiciones regias tocantes a este negocio cuyo conjunto es la prueba fehaciente de cuánto se interesó Felipe II por su villa natal.

Así lo advierte en la cédula, que sirve para dar recibo de la carta del Concejo de 24 de septiembre, manifestar su pesar por el daño sufrido tanto en los bienes municipales como en los de los vecinos, anunciar el encargo hecho al propio Concejo y al Presidente de la Real Audiencia de que enviasen informes y propuestas para el remedio y asegurar que «ansi en esto como en todo lo demas que a esa villa se refiriese terné memoria de mandarla faboreçer y haçer merced en todo lo que parece fuese conforme a la boluntad que siempre se la tenemos y sus serbicios lo merecen como mas particularmente se dijo al dicho Luis Osorio» (24).

Los documentos anunciados en la cédula anterior son efectivamente una provisión del Consejo Real (25), y otra cédula para el Presidente y Oidores de la Real Audiencia y Chancillería (26), una y otra de la misma fecha y de

(24) *Loc. cit.* Fol. 106 v.º
AGAPITO GARCÍA. *Valladolid ciudad*, pág. 117.
(25) A. M. Va. Libro de acuerdos n.º 8 (1561-1568), folio 107.
AGAPITO GARCÍA. *Ob. cit.*, pág. 118, n.º 2.
(26) *Recopilación de las Ordenanzas de la Real Audiencia y Chancillería de Su Majestad que reside en la villa de Valladolid.* Valladolid, 1765. Fol. 188 v.º
MATÍAS SANGRADOR VÍTORES. *Historia de la Muy Noble y Leal ciudad de Valladolid.* Valladolid, 1851. I, 397-398.
JUAN ORTEGA Y RUBIO. *Historia de Valladolid.* Valladolid, 1881. II. 287-288.

texto parecido por las cuales se manda a ambos organismos que estudiasen la manera mejor de impulsar la reconstrucción con presteza y plantea un verdadero programa de cuestiones previsoras técnicas y económicas que son hoy asombro y admiración por su contenido, a saber:

1.° ¿Qué orden podría darse para que los materiales de construcción valiesen a precios moderados?

2.° Si podría ayudarse con madera de los pinares comarcanos.

3.° Que se edifique sobre previo plano o traza con una plaza y calles rectas.

4.° Que se hiciesen cortafuegos de ladrillo o piedra cada cierto número de casas como ya se había hecho en Medina del Campo cuando se quemó.

5.° Si las paredes de las casas podrían hacerse sin madera o con muy poca.

6.° Que no se pudiesen hacer chimeneas sin intervención de oficiales.

7.° Que se estableciesen serenos («veladores de noche») particulares que tuviesen a su cargo herradas de cuero, escaleras y otros aparejos contra incendios, y bomberos o personas que tengan obligación «a acudir a matarlo».

8.° Si convendría alguna libertad de derechos a las personas que trajesen materiales a vender.

9.° ¿Qué exención y libertad podría darse a los reedificadores de casas, por cuánto tiempo y qué utilidad o perjuicio se seguiría de ello?

Pero como el Corregidor había dado cuenta también al Rey de los acuerdos tomados sobre construir las tiendas provisionales en la Plaza Mayor y alojar a los damnificados en los alrededores de la misma y para ello solicitó un provisión real por la cual además se le autorizase a poder compeler y apremiar a que los oficiales de los oficios estuviesen todos juntos, a tasar y moderar las casas en que habían de vivir y a que si algunos de los dichos oficios estuviesen fuera del sitio que les fuere señalado, los compeliese a que se pasasen al dicho sitio, y que lo que él proveyese y mandase en esta materia se ejecutase sin apelación, el Consejo de la Cámara, tras el examen de la petición acordó proponer al Rey que diese su cédula real para el Presidente de la Real Audiencia y Chancillería don Francisco de Sandoval mandándole que juntándose con él un oidor y un alcalde de los más antiguos y el Corregidor y un regidor de la villa, estudiasen la orden que se debía tener en edificar dichas tiendas en la Plaza Mayor y que si les parecía cosa conveniente las mandasen hacer con tal que no se obligase a ningún oficial de ningún oficio a que por fuerza hubiese de vivir en ellas ni tampoco se compeliese a los dueños de las casas comarcanas a que por fuerza y a precio tasado los recibiesen como aposentados en ellas sino que una y otra cosa se hiciese a voluntad de los interesados. Una vez estudiado el asunto debían enviar al Consejo el informe correspondiente en el plazo de 15 días desde la presentación de dicha cédula real, sin embargo de todo lo cual se les autorizaba para resolver provisionalmente cuanto mejor pareciese para el bien público y ornato de la villa (27).

---

(27) A. R. Ch. Va. *Cédulas*. Leg. 2. n.º 79. Fecha en Madrid 10 de octubre de 1561.

LA REEDIFICACION. PROYECTOS Y GESTIONES

El Ayuntamiento de la villa tuvo desde el primer momento visión clara de la oportunidad que se le ofrecía para modernizar el trazado urbanístico de la población. No debía reedificarse sobre los mismos cimientos de casas medievales, dejando sus estrechas calles y callejas para conseguir una importante villa de la segunda mitad del siglo XVI.

En efecto, al día siguiente de tomados los primeros acuerdos que tendían a normalizar la vida ciudadana alterada por el incendio, se mandó llamar al Concejo a Francisco de Salamanca, «traçador de obras», otras veces llamado «maestro de trazas e obras de carpintería» (28), sin duda, el más notable de cuantos residían en Valladolid, a quien se encargaron dos planos del centro de la población: uno, tal como estaba antes del incendio, que mostrase el tamaño de las calles y plazas, las dimensiones de los inmuebles que se quemaron con expresión de los nombres de sus dueños y otro, con su idea de nuevo trazado según el cual todo el solar vacío de edificaciones se repartiría en calles para que en ellas se estableciesen los comercios y oficios que antes había en la villa, pero con la única condición de que dentro de aquel espacio se dejase ««una mui prençipal plaça de que esta villa tenia

(28) E. García Chico. *Documentos para el estudio del Arte en Castilla.* Tomo I. Arquitectos. Valladolid, 1940. pág. 15.

muy gran falta e sitio en ella para haçer casas de consistorio». Los dos planos se enviarían al Rey para que formase idea exacta de los daños y de los propósitos del Ayuntamiento de que con el tiempo «este gran daño redunde en nuevo beneficio e remedio d'esta republica» (29).

El Ayuntamiento que así miraba por el ornato, progreso y urbanismo de Valladolid estaba presidido por el corregidor D. Luis de Osorio; era su teniente el licenciado Juan Gutiérrez y estaba integrado por los regidores Alonso de Santisteban, Francisco de Lerma, Hernán de Figueroa, Juan López de Calatayud, Juan de Argüello, Juan de la Haya, Diego de Vega, Hernán Sánchez de Tovar y Francisco de Espinosa, cuyos nombres deben mantenerse en el recuerdo de los vallisoletanos como modelo de gestores en momentos tan difíciles para la población pero en los cuales, por tal circunstancia, aquélla podía mejorarse y engrandecerse.

Diez días más tarde, en 5 de octubre, se ratificaba el encargo a Francisco de Salamanca a quien ahora se le llamaba «maestro de carpintería» y a Juan de Escalante «maestro de cantería» que lo aceptaron y en el que trabajaron por espacio de mes y medio.

Francisco de Salamanca debió haçer más de un proyecto. Así se desprende de los acuerdos de 17 y 28 de noviembre siguientes. El primero de dichos días, entregó personalmente al Ayuntamiento, a quien pareció bien, uno de ellos «de la forma e manera que se abia de hacer e reedificar los sitios quemados e otras cosas nuevas para ornato de esta villa», que el segundo día se mandó poner en limpio y refrendar por los escribanos del Concejo para enviarlo a la Corte, pero en la misma sesión, el regidor Hernán Sánchez de Tovar advirtió que el autor de la traza, había mostrado otra que había hecho por encargo

---

(29) A. M. Va. Libro de acuerdos, n.º 8. Fols. 98-98 v.º

del Presidente de la Audiencia que parecía «mui perjudicial a esta villa e de mucha costa e no tan bistosa como la de la villa» y propuso se escribese a la comisión del Ayuntamiento que estaba en la Corte y a los señores del Consejo Real para que a su vez diesen a conocer a Su Majestad el perjuicio que la villa recibiría si se siguiese otro proyecto, «pues dicha traza costaría más de çiento e çincuenta cuentos si de aquella manera se hiçiese».

Juan de Escalante por su parte presentó un proyecto de casas consistoriales que fue aprobado y aceptado por el Ayuntamiento el citado día 28 de noviembre por parecer que dicha traza «es menos costosa e más bistosa e probechosa para esta villa» (30).

Transcurre el resto del año sin que se adelante mucho más en las gestiones. Parece que desde un principio se encomendó el asunto al licenciado Francisco de Menchaca, al cual se acordó escribir en 20 de octubre sobre ello suplicándose viniese a Valladolid a ver personalmente el daño (31) y a quien visitó en Matapozuelos el escribano del Ayuntamiento Juan Delgado con análogas comisiones (32).

Mientras tanto permanecen en Madrid distintos regidores comisionados a cada uno de los cuales se asigna un salario diario de ducado y medio hasta que en 15 de diciembre el Ayuntamiento acuerda que se les escriba mandándoles regresar y que con ellos vuelva también Fran-

---

(30) *Loc. cit.* Fols. 104, 122 v.º y 127.
Agapito García. *Ob. cit.* págs. 52-55.
(31) A. M. Va. *Libro de acuerdos,* n.º 8 (1561-68), hoja 114.
(32) En 26 de enero de 1562 se libran 6 ducados a Juan Delgado escribano del Ayuntamiento por la ocupación que tuvo en ir a Matapozuelos a hablar al Licenciado Menchaca y a otras partes a otros negocios.
A. M. Va. *Libro de acuerdos,* n.º 8, (1561-68), hoja 151 v.º

cisco de Salamanca «por evitar gastos a la villa» y que ésta dispondría cuándo hubieran de volver (33).

La nueva comisión se otorgó muy pronto a los regidores Antonio de Alcaraz y licenciado Molina a los cuales se les dirigen varias misivas tanto relacionadas con el fuego como con los restantes asuntos que gestionaban para la villa.

A principios de 1562, Francisco de Salamanca reclamaba sus honorarios y percibía parte de ellos «por el trabajo que a tomado e tomare en hacer las traças de la plaça e calles y en yr a la corte a las llevar a su Magestad», pero sobre el retraso en el pago debió de hablar en las altas esferas y así, en 21 de febrero, el Ayuntamiento acordó se librase lo que se le debía hasta completar la cantidad de 250 ducados (93.750 maravedís) no obstante el parecer de Alonso de Santisteban que estimaba excesiva dicha cantidad y solicitaba la reunión de Regimiento pleno para que acordase el pago (34).

¿Cuál es el papel y la actuación de Felipe II? Anticipemos como resumen previo de cuanto sigue a continuación que en este trance de tanta importancia para Valladolid, el rey vallisoletano se ocupó muy personalmente del estudio cuidadoso del problema.

Es el momento de hacer una reforma interior de la población y el Rey la acomete de lleno. Valladolid se va a reedificar con arreglo a normas nuevas, se va a procurar hacer de la villa de calles estrechas y tortuosas, en la gran extensión de lo damnificado una población moderna y bella.

Después de las gestiones reseñadas y del estudio hecho en el Consejo de la Cámara, en 19 de marzo de 1562 fue firmada en Madrid la primera disposición real con normas

---

(33) A. M. Va. *Libro de acuerdos*, n.º 8 (1561-1568), folio 133.
(34) *Loc. cit.* Fols. 144 y 158-158 v.º

referentes a la reedificación. Esta carta real (35) fue presentada en el Ayuntamiento, en sesión del 2 de abril, junto con una carta misiva del regidor Antonio de Alcaraz que, como se ha dicho poco ha, estaba comisionado en la corte.

El Rey manifiesta en la parte expositiva que se habían visto la relación hecha por el Concejo sobre el daño causado por el incendio, el memorial y notas de las peticiones suplicadas para la reedificación; las trazas presentadas por Francisco de Salamanca conforme a las cuales parecía deber edificarse lo que por la villa y particulares se había de construir, y la forma y modo como la Plaza y calles debían y podía quedar y expresa el deseo real de que se repare el daño y con tal ocasión «se ennoblezca y acresçiente y engrandezca esta villa por la particular voluntad que le tenemos y por ser uno de los más principales e importantes lugares d'estos nuestros reinos».

Y en la parte dispositiva se enumera una serie de normas sobre dicha reedificación, a saber:

1.ª Que se guarde, cumpla y ejecute la traza enviada con Francisco de Salamanca, rubricada en algunos lugares de ella por los consejeros Licenciado Menchaca, Doctor Gasca y Doctor Velasco, tanto en lo referente a la plaza, casas de consistorio y demás edificios como en lo tocante a las calles «y nivel y derechura» de ellas.

2.ª Concede licencia y facultad para que se puedan expropiar los solares y casas de particulares que fuesen necesarios para edificar el nuevo ayuntamiento, ensanche y alineación de las calles, previa tasación del valor y precio de aquéllos, mediante dos peritos uno por cada parte,

---

(35) El documento original se conserva en el Archivo Municipal. Leg. ant. 2. n.º 6 y su copia se inesrtó en el Libro de acuerdos, n.º 8 (1561-1568), hojas 167 v.º a 169 v.º Publicada por Agapito García. Ob. cit. pág. 120, n. 3.

y en caso de diferencia, un tercero nombrado por el Presidente de la Audiencia y Chancillería.

3.ª Que se abone por la expropiación, el importe de la tasación más una veintena parte en concepto de indemnización, en el plazo más breve posible y mientras tanto se constituya censo a razón de 18.000 el millar sobre los propios y rentas de la villa, el cual se pagase por tercios cada año «del dinero que proçediese de la sisa y otras cosas» que para el remedio y ayuda de la obra se había proveído, y se hiciesen las escrituras correspondientes.

4.ª Concede licencia para que en los lugares de lo público y plaza» señalados en dicha traza, el Concejo pudiese construir casas conforme al proyecto por cuenta de la villa, o darlos a censo perpetuo a personas que las edifiquen y que las casas construídas directamente o los censos en otro caso, sean propios de la villa.

5.ª Concede también licencia para que se construyan a censo perpetuo con las mejores condiciones posibles todas aquellas casas quemadas que estaban cedidas anteriormente a censo perpetuo o de por vida o en arrendamiento.

6.ª Que cualesquier pleitos que pudiesen surgir con motivo de la expropiación de solares y casas y de las nuevas construcciones, se tramitasen en primera instancia ante el Corregidor y en apelación ante una sala especial mandada constituir en la Audiencia y Chancillería, en la cual los escribanos del corregimiento actuasen haciendo relación de la tramitación y sentencia en primera instancia.

El Ayuntamiento pleno mandado reunir para conocer estas disposiciones, acordó en 6 de abril que una comisión integrada por el corregidor D. Luis Ossorio y los dos regidores de obras Francisco de Lerma y Juan de la Haya se juntasen con Francisco de Salamanca para echar los cordeles, es decir replantear, conforme a la traza de las calles y casas; que se hiciese la cuenta con los dueños de casas y señores del directo dominio de las casas y solares que habían de expropiarse; que se averiguase los censos perpetuos, de por vida, o al quitar que gravaban las casas quemadas y por expropiar y que se diese cuenta al Ayuntamiento de todo cuanto se actuase sobre ello (36).

La personalidad de Francisco de Salamanca aparece en este momento algo confusa.

Si en septiembre de 1561 había sido llamado por el Concejo, unánime y conforme, para encargarle el plano del nuevo Valladolid y si con los planos en la mano había acudido a la corte con los otros comisionados de la villa; si su traza había sido aprobada por el Rey y si en consecuencia de todo ello en 6 de abril de 1562, el Ayuntamiento le comisionó para comenzar el replanteo de la reedificación, he aquí que dos días más tarde, el 8 de abril, los damnificados en el incendio por mediación del vecino Melchor de Castro presentan una petición por la cual, entre otras cosas, recusaban a aquél «por decir que no entiende el echar del cordel e manera de traçar como combiene que se debe haçer» y pedían que el Ayuntamiento nombrase personas «de çiençia e conçiençia e esperiençia» para que lo hicieran, como si el dicho Francisco de Salamanca careciese de aquellas tres cualidades: ciencia, conciencia y experiencia.

Lo desconcertante para nosotros es que el Ayuntamiento aceptase la petición y que «así por esta raçon como pareçer que combiene e es necesario que se haga» acordase nombrar a otros dos maestros Juan de Escalante y Juan de la Vega para que juntamente con Salamanca llevasen a efecto aquella labor (37). ¿Se desconfiaba de la capacidad de Salamanca? ¿O simplemente se discutía

---

(36) A. M. Va. *Libro de acuerdos*, n.º 8 (1561-1568). Fols. 172 v.º 173.

(37) *Loc cit.* Fol. 173.

lo alto de sus honorarios o se temía que había de ser fiel cumplidor de las órdenes reales no doblegándose a las posibles sugerencias que pudieran hacerle los dueños de las viviendas siniestradas? Los hechos, sin embargo, demostraron suficientemente tanto su ciencia y experiencia como su conciencia profesional.

Este plan de reedificación originó algunos problemas de importancia al Ayuntamiento.

En primer lugar, la traza debía de contener notables diferencias respecto del proyecto que había sido presentado por el Ayuntamiento a la aprobación real, tantas que en sesión de 29 de abril se acordó por unanimidad suplicar a Su Majestad que la calle de la Costanilla fuese de 30 pies de ancha en lugar de los 35 con que venía señalada en el plano, y en 18 de mayo siguiente, que el corregidor D. Luis Ossorio fuese a Madrid a tratar, entre otros asuntos, de la traza «declarando los yerros que tiene e parecen despues que se planto» y que en el viaje le acompañasen los técnicos Francisco de Salamanca y Juan de la Vega a dar declaración sobre aquellos «e informar con la traça en la mano» (38).

Y en segundo lugar, contrastaban con estos deseos de perfección que se reflejan en las reclamaciones, los del Ayuntamiento de impulsar la reconstrucción de lo quemado hacía ya ocho meses. Así se explica que sin embargo de la opinión que merecía la supuesta demasiada anchura de la citada calle de la Costanilla que «es fuera de toda orden e proporcion para los oficios que a de servir» y de su fealdad por la concurrencia de una calle tan ancha «con una tan angosta como la de Cantarranas e e como la del Açoguejo e Rua Oscura», y sin embargo del requerimiento que Pedro de Miranda, procurador mayor

(38) *Loc. cit.* Fols. 186 v.º y 197 v.º

de la villa, hizo a los regidores para que no mandasen labrar «de más de treinta pies», se acordase conceder licencia a los vecinos de la susodicha calle de la Costanilla y de la de Cantarranas para que pudiesen edificar sus casas conforme a la traza enviada por Su Majestad, obligándose al Concejo a pagarles lo que se les expropiase para el ensanchamiento de la vía pública y relegando hasta decisión futura de los Comisarios de la traza la posible indemnización por los paredones intermedios de las casas.

El mismo deseo de que la reedificación progresara informa sucesivos acuerdos municipales, tales como el nombramiento de comisiones que tasasen los suelos dados a los damnificados para que cada uno pagase lo correspondiente; que viesen las casas dadas a los vecinos del Malcocinado y tasaren lo que cada una de ellas merecía de renta a censo perpetuo y que tratasen con los dueños de casas de los Corrillos que estaban a censo de por vida para convertirlos en censos perpetuos (39).

Después de esta actuación, llega al Ayuntamiento, en la sesión del 26 de junio, nueva carta real expedida el 12 anterior (40) que contenía importantes novedades, que pueden resumirse en tres apartados.

Primero, que previo estudio, había parecido oportuno «otra traça y montea» mudando algunas cosas de la anterior en cuanto a la manera de edificar lo quemado, planos que se enviaban con la carta real ahora comentada, firmados por el licenciado Menchaca y por los doctores Gasca y Velasco.

Segundo, que para seguridad de lo que se edificase se

---

(39) *Loc. cit.* Fol. 218 (Acuerdos de 19 de junio).
(40) A. M. Va. Original en leg. ant. 2, n.º 6.
Copiada en Libro de acuerdos n.º 8, fol. 219 v.º-220.
Agapito García. *Ob. cit.* pág. 127, n.º 5.

mandaba hacer cada diez casas, una pared de cal y ladrillo de tres pies en ancho y alta hasta arriba «un estado más largo de los tejados» para lo cual se tomarían los tres pies del ancho a prorrata de las casas contiguas.

Y tercero y último, que para lo relativo a toda la construcción, alturas, niveles, alineaciones, etc., se ordenaba que el Corregidor o Juez de Residencia de la villa «tome consigo a Francisco de Salamanca, vezino d'ella, que por nuestro mandado ha entendido en lo de las dichas traças» y a dos regidores, en presencia de los cuales, Salamanca haría el replanteo echando cordeles y poniendo estacas para señalar los sitios y sus medidas, y después lo revean los maestros que dicho Corregidor nombrase para comprobar si estaba señalado de arreglo con los nuevos planos y montea.

Las observaciones y reserva anteriores del Ayuntamiento habían sido recogidas. No había ya por tanto ninguna causa de resistencia. Y por unanimidad Corregidor y regidores «dixeron que mandaron luego poner por obra y en execucion lo contenido en la dicha real probision» y que si surgiese algun inconveniente, avisarían lo que se debiera hacer (41).

Algunos autores han supuesto hipotéticamente que la nueva traza mencionada pudiese ser debida a Juan Bautista de Toledo, o al menos supervisada por él (42). Todas las hipótesis pueden plantearse como tales, pero no admitidas como ciertas en tanto no se demuestren. Y nosotros creemos que la nueva traza de que se habla no es sino la primera de Francisco de Salamanca con las modificaciones solicitadas por el Ayuntamiento a gestionar las cuales había ido a Madrid un mes antes el Corregidor acompañado, como hemos dicho, del propio autor Francisco de Sala-

---

(41) A. M. Va. Libro de acuerdos n.º 8 (1561-1568). Fol. 220 v.º
(42) EUGENIO LLAGUNO Y AMIROLA. *Noticia de los arquitectos y arquitectura de España.* Madrid, 1829. Tomo II, pág. 113.

manca y de Juan de la Vega para informar con la traza en la mano, traza que con las modificaciones apuntadas por uno y otro, sería la que se devolvió aprobada con carta de 12 de junio.

Tal como se planea la reconstrucción de Valladolid o mejor dicho, la creación de una nueva población en el centro de la antigua, iba a promover una serie de cuestiones que pueden reunirse en tres grandes grupos, bien distintos entre sí. Cuestiones relativas al derecho público y al privado; cuestiones relacionadas con la financiación de la obra y con la economía particular de los damnificados y otros vecinos, y cuestiones de orden técnico, artístico y urbanístico, es decir, la reedificación propiamente dicha.

JURISDICCION ESPECIAL

Las medidas excepcionales que se decretaron para la reedificación de Valladolid afectaron muy profundamente las relaciones del Ayuntamiento con los vecinos, de éstos entre sí, de los propietarios con sus arrendatarios, de los arrendadores de la sisa con quienes alegando excepciones se negarían a abonar el impuesto. Si en las disensiones y diferencias que habrían de producirse y efectivamente se produjeron se hubiese acudido a los procedimientos normales, la reconstrucción se hubiese retrasado mucho, tanto cuanto se reconocía en la tramitación de querellas y pleitos por la vía ordinaria.

Felipe II lo compredió desde el primer momento y deseando que Valladolid viese lo antes posible restauradas las destrucciones del incendio, creó una jurisdicción especial ante la cual se llevasen todas las cuestiones y asuntos derivados del incendio y reedificación.

Esta jurisdicción se refirió a lo técnico-administrativo y a lo judicial.

En el primer aspecto, aparte el procedimiento determinado en la carta real de 19 de marzo de 1562 ya citada, para los pleitos que pudiesen surgir con ocasión de las nuevas construcciones así como por la expropiación de solares y casas, dicha jurisdicción fue encomendada en un principio a ciertos consejeros del Consejo Real y de la Cámara, que en dos ocasiones, aprovechando sus viajes a Valladolid, trajeron comisiones especiales como veedores e inspectores encargados de comprobar si se habían cumplido y cumplían las disposiciones reales y tenían comisión y facultad para proveer lo que estimasen conveniente y «les pareciere se deva hacer».

Fueron la primera vez el licenciado Francisco de Menchaca, comendador de Canicosa, de la Orden de Santiago, y el doctor Martín Velasco, designados por cédula real fecha en el Bosque de Segovia a 18 de agosto de 1563 (43), los cuales juntos o separados podían ver y entender así en las trazas dadas para la obra como en las demás cosas tocantes con ella.

En el aspecto judicial la misma carta real citada de 19 de marzo de 1562 disponía, como ya se ha anticipado, que todos los pleitos que se suscitasen con motivo de la reedificación se tramitasen en primera instancia ante el Corregidor o Juez de Residencia de la villa, y en apelación ante una sala especial de la Real Audiencia y Chancillería, a cuyo Presidente y Oidores se reiteró tal disposición por cédula de 13 de abril que el regidor Antonio de Alcaraz trajo personalmente de la Corte y presentó al Ayuntamiento en sesión de 17 de dicho mes (44) y algunos días más tarde a la propia Audiencia en cuyo cumplimiento, tiempo después, fue designada la sala del licenciado Pedro Gasco (45).

Sin embargo, el procedimiento no debió de satisfacer suficientemente al Rey porque de este período son dos cédulas fechas en Guisando a 22 y 24 de abril de 1563 por las cuales se mandaba respectivamente al Provisor del Obispado de Palencia y al Presidente y Oidores de la Real Audiencia de Valladolid que suspendiesen los procedimientos que seguían en los pleitos promovidos por el estado eclesiástico contra la villa sobre la sisa y por la villa contra Gregorio Romano

(43) A. G. S. *Cámara de Castilla*. Libro 135, hoja 417.
AGAPITO GARCÍA. *Obr. cit.*, pág. 130, n.º 7.
(44) A. M. Va. Libro de acuerdos, n.º 8. Fol. 181.
(45) A. R. Ch. Va. *Libro del acuerdo general de 1560 a 1571* folio 55 v.º Acuerdo de 17 de noviembre de 1562.

y consortes, arrendadores de la sisa en 1562, y enviasen los procesos al Consejo de la Cámara (46).

Ahora bien, después de los primeros jueces o Comisarios de la traza, licenciado Menchaca y doctor Velasco, en 16 de mayo de 1563 (47) se concedieron análogas facultades al doctor Diego de la Gasca que llegó a la villa con idéntica comisión para conocer «assi en lo concerniente a las dichas trazas como diferencias de particulares» donde vemos ampliada la jurisdicción que había aparecido como técnica y fiscal, a un aspecto judicial que había de adquirir tanta importancia como el primero.

Es también en época del Dr. Gasca cuando la jurisdicción gana asimismo en extensión territorial pues si hasta entonces tenía carácter local, la aparición de problemas fuera del término municipal que no podían resolverse fácilmente y previa petición o información hecha al Rey, tal vez por el Concejo, tal vez por el propio juez de la reedificación, Felipe II, por otra cédula fecha en Madrid a 10 de agosto del mismo año (48), amplió las facultades jurisdiccionales del Dr. Gasca a cualesquier concejos y otras cualesquier personas de los lugares de la comarca de Valladolid.

Se concedió asimismo al Dr. Gasca mientras permaneciese en Valladolid, la facultad anteriormente otorgada al Presidente de la Audiencia, que la conservaba en ausencia aquél, de nombrar un tercer tasador en discordia de los dos designados por la villa y por cada interesado para lo re-

---

(46) A. M. Va. Libro de acuerdos n.º 8 (1561-1568). Fol. 331 v.º
(47) Cédula real fecha en Madrid. A. G. S. *Cámara de Castilla.* Libro 140. Fol. 38 v.º
La original en A. M. Va. Leg. ant. 2, n.º 6.
AGAPITO GARCÍA. *Ob. cit.,* pág. 139, n.º 14.
(48) A. M. Va. Leg. ant. 2, n.º 6.
AGAPITO GARCÍA. *Ob. cit.,* pág. 139, n.º 16.

ferente a los solares públicos que se habían de dar a particulares (49).

Las estancias en Valladolid de los primeros comisionados Menchaca y Velasco, y del segundo, doctor Gasca, habían sido bastante continuas y desde luego fructíferas. El último fue llamado a su puesto del Consejo por necesidades del servicio real, y en la Corte había de permanecer durante la ausencia del Rey fuera de Castilla, cuando partió para Monzón a celebrar cortes del reino de Aragón; pero reconociendo Felipe II la conveniencia de que no faltase su delegación en los asuntos vallisoletanos, decidió nombrar otra persona que sustituyese al doctor Gasca.

Comienza ahora la segunda etapa o modalidad durante la cual desempeñan sucesivamente el cargo, diversos oidores de la Real Audiencia y Chancillería de Valladolid, que residiendo en la villa estuvieron constantemente presentes al ejercicio de su comisión, recibida siempre por cédula real, en la cual se aludía a los nombramientos de sus antecesores que habían de tener como propios pues siempre se les concedieron las mismas amplias facultades que a ellos.

Fue el primero el licenciado Juan de Vargas, nombrado en 25 de octubre de 1563 (50).

Durante la comisión del licenciado Vargas, sea porque fuese mayor la actividad desplegada en la reedificación, sea porque los interesados elevaban sus problemas al Rey, es lo cierto que se produjeron numerosas cédulas reales que tratan de asuntos particulares con órdenes e instrucciones concretas para aquél y para otras personas y autoridades.

Son las primeras conocidas en el tiempo, dos fechadas

---

(49) Cédula fecha en Aranjuez a 10 de junio de 1563. A. M. Va. Leg. ant. 2, n.º 6.
Agapito García. *Ob. cit.*, pág. 139, n.º 15.
(50) Desde Monzón de Aragón. A. M. Va. Leg. ant. 2, n.º 6.
Agapito García. *Ob. cit.*, pág. 139, n.º 17.

en Madrid a 13 de septiembre de 1564 (51) promovidas por el Concejo, por las cuales se manda de modo especial a «la persona que esta cometida la obra» o «que entiende en lo de la obra» que notifique a los dueños de las casas quemadas la necesidad de edificar en los solares, la una, y que no deje trabajar en carpintería ni albañilería a ningún oficial que no hubiese sido examinado, la otra.

Por otra cédula fecha en El Escorial a 1.º de octubre siguiente, se le encarga examinar la petición de la villa sobre revisión de los precios de ciertos solares que se habían adquirido y pagado al parecer con exceso, en lo cual aquélla resultó perjudicada (52).

Y desde Madrid a 23 de diciembre de 1564 se le faculta para poder nombrar y enviar a los lugares dentro de las treinta leguas a la redonda (165 kms. de hoy), persona con vara de justicia que a su vez pueda compeler «a los que se suelen alquilar con sus bueyes y carretas» para que trajesen a Valladolid la piedra así de Cardeñosa como de otras partes, pagándoles los justos precios que por el transporte hubiesen de haber (53).

En el aspecto judicial han de anotarse las dos cédulas fechadas, respectivamente, en Madrid el 13 de septiembre y en El Escorial el 1.º de octubre de 1564, por las que se ordena al Presidente y Oidores de la Real Audiencia que no se ocupasen y sí se cumpliese lo dispuesto por el doctor Gasca referente a las expropiaciones de unos molinos situados en el Esgueva, entre la Rinconada y San Benito, límite extremo de la ordenación urbanística de la villa al noroeste

(51) A. M. Va. Leg. ant. 2, n.º 6.
AGAPITO GARCÍA. Ob. cit., pág. 141, n.º 22 y 23.
(52) A. M. Va. Leg. ant. 2, n.º 6.
AGAPITO GARCÍA, Ob. cit., pág. 142, n.º 27.
(53) · A. M. Va. Leg. ant. 2, n.º 6.
AGAPITO GARCÍA. Ob. cit., pág. 149, n.º 30.

de la zona siniestrada (54), y que proveyesen que los presos que estaban en la cárcel por cosas tocantes a la reedificación y pretendían ser visitados, es decir, interrogados, por los Oidores de ella que hacían visita, fuesen exentos de dicha diligencia y puestos a disposición exclusiva del licenciado Vargas o de la persona que entendiese en la reedificación (55).

Análoga finalidad tienen las dos cédulas fechas en Aranjuez a 1.º de enero y en Madrid a 18 de febrero de 1565 (56) por la primera de las cuales se manda que de las tasaciones de suelos particulares, que se hubiesen realizado en la forma establecida, no hubiese apelación ni suplicación ante la Audiencia ni interviniesen en ello otros jueces o justicias y dirigida la segunda a los Alcaldes del crimen de la misma Audiencia, mandándoles que todos los negocios que se presentasen ante ellos en primera instancia o en grado de apelación tocantes a la labor y edificios que se hacían conforme a la traza de reedificación o los asuntos anejos a ella, fuesen remitidos al licenciado Vargas o persona que tuviese a su cargo dicha reedificación.

La cédula anterior fue presentada en el Ayuntamiento de 28 de febrero así como otras dos de 13 del mes citado, que se mandaron notificar al Presidente y Oidores de la Real Audiencia, una para que enviasen al Consejo Real el pleito que se trataba con Gregorio Romano y otros sobre ciertos dineros de la sisa, y otra para que remitiesen al licenciado Vargas el pleito que se litigaba «sobre los molinos qu'estaban en el Esgueba junto a Sant Benito» a fin de

---

(54) A. H. N. *Códices:* n.º 49, fol. 59.
(55) A. M. Va. Leg. ant. 2, n.º 6.
AGAPITO GARCÍA. *Ob. cit.* pág. 143, n.º 28.
(56) A. M. Va. Leg. ant. 2, n.º 6.
AGAPITO GARCÍA. *Ob. cit.,* pág. 150 y 151, n.º 32 y 35.

que el dicho Juan de Vargas hiciese retasar la tasación que sobre ello se hizo (57).

La citada cédula de 18 de febrero de 1565 hubo de reiterarse por una sobrecédula de 31 de diciembre de 1566 (58), indicio de que con el transcurso del tiempo y cambio de personas en los cargos las disposiciones vigentes quedaban en suspenso por su olvido o desconocimiento.

La jurisdicción especial en su aspecto judicial se nos aparece perfeccionada poco después en otra cédula expedida en El Escorial a 22 de julio de 1565 (59) por la cual se recuerda al Presidente y Oidores de la Audiencia las disposiciones tomadas en esta materia de la reedificación y sisa, denuncias de nuevas obras, diferencias entre los dueños de casas y sobre los censos que se imponen, de todo lo cual debía conocer exclusivamente el licenciado Juan de Vargas y si algunas personas se agraviasen, acudiesen al Consejo Real ante el licenciado Menchaca, doctor Gasca y doctor Velasco o los que de ellos estuviesen en la corte, a los cuales se designó, sin duda, como Tribunal Supremo en estas materias por el conocimiento que de ellas habían adquirido durante el tiempo que estuvieron en Valladolid dirigiendo la reedificación y resolviendo sus problemas.

El licenciado Vargas acudió a la Corte por orden del Rey y durante su ausencia le sustituyó como Comisario de la traza el doctor Juan Redín, en virtud de nombramiento dado en Madrid a 18 de febrero de 1565. La existencia de varias órdenes de fecha posterior a la citada, dirigidas al

---

(57) A. H. N. *Códices:* n.º 49, fol. 65 y 65 v.º
A. M. Va. Libro de acuerdos n.º 8 (1561-68) sin foliar.
(58) A. M. Va. Leg. ant. 2, n.º 6.
AGAPITO GARCÍA. *Ob. cit.*, pág. 156, n.º 49.
(59) A. M. Va. leg ant. 2, n.º 6.
AGAPITO GARCÍA. *Ob. cit.*, pág. 151, n.º 36.

licenciado Vargas, nos hacen pensar que éste se había reintegrado al cargo (60).

Vargas y Redín fueron sustituídos definitivamente por el licenciado Juan Zapata, nombrado en 17 de marzo de 1566 (61) y que a su vez fue reemplazado por el licenciado Hernán Velázquez en 17 de septiembre del mismo año (62).

El licenciado Velázquez, además de los asuntos ordinarios tuvo que cumplimentar dos cédulas reales fechas en Madrid a 3 de mayo y 1.º de agosto de 1567 sobre reclamaciones económicas de Gaspar de Alcalá por tasación de solares y ejecución de sentencia del Consejo de la Cámara en el pleito de Melchor Blanco contra Gonzalo Salcedo y otros por pago de un censo correspondiente a unas casas quemadas de la calle de la Costanilla (63).

La promoción del licenciado Hernán Velázquez para el cargo de alcalde de casa y corte dejó vacante una vez más el de Comisario o juez de la reedificación que fue provisto por cédula de 3 de octubre de 1567 en el licenciado Jiménez Ortiz (64).

La comisión del licenciado Jiménez Ortiz fue una de

---

(60) A. M. Va. Leg. ant. 2, n.º 6.
AGAPITO GARCÍA. *Ob. cit.*, pág. 150, n.º 34.
(61) Cédula real fecha en Madrid. A. M. Va. leg. ant. 2, n.º 6.
AGAPITO GARCÍA. *Ob. cit.*, pág. 154, n.º 42.
(62) Cédula real fecha en El Bosque de Segovia. A. M. Va. Leg. ant. 2, n.º 6.
AGAPITO GARCÍA. *Ob, cit.*, n.º 47.
El licenciado Hernán Velázquez había sido nombrado oidor de la Real Audiencia en 14 de noviembre de 1565, procedente del Consejo de Navarra, en la vacante del licenciado D. Antonio de Padilla promovido al Consejo de Ordenes (A. R. Ch. Va. *Libro del acuerdo general de 1560 a 1571*, fol. 115).
(63) A. H. N. *Códices*, n.º 49, fol. 71 v.º y 73.
(64) Fecha en Madrid. A. M. V. Leg. ant. 2, n.º 6.
AGAPITO GARCÍA. *Ob. cit.*, pág. 156, n.º 51.
El licenciado Jiménez Ortiz, oidor de la Audiencia, cesó en este cargo por traslado al de alcalde de casa y corte en setiembre de 1571 (A. R. Ch. Va. *Libro citado*, fol 244 v.º

las más largas de las concedidas. Intervino naturalmente en numerosas actuaciones y recibió especiales mandatos para resolver el pleito promovido por Bartolomé de Santiago sobre que le fue mandado derribar una casa, sin que conste en qué calle, para volver a edificarla conforme a la traza (65), para que conociese de los pleitos sobre los censos y maravedís que la villa debiere (66) y para que informase sobre la reclamación de Luis de la Serna que teniendo un censo de 4.000 ducados que le pagaba la villa, quería vender 1.000 de ellos en virtud de licencia y facultad real concedida por carta dada en Madrid el 18 de julio de 1568 (67).

Fue también durante la comisión del licenciado Jiménez Ortiz cuando el Rey hubo de dar nueva cédula para los Alcaldes del crimen de la Real Audiencia vallisoletana en 27 de julio de 1570 (68), mandándoles ahora que no diesen mandamientos contra la villa ni sus propios por razón de deudas procedentes de la traza, manteniendo así en el caso de reedificación, la exención de jurisdicción ordinaria de asuntos tan ordinarios como los ejecutados por deudas.

Las mismas causas que en el anterior, produjeron el nombramiento de D. Pedro de Castilla por cédula de Madrid a 14 de septiembre de 1571 (69).

---

(65) Cédula real fecha en Madrid a 13 de diciembre de 1567. A. H. N. *Códices*, n.º 49, fol. 67.
(66) Cédula real fecha en Madrid a 4 de febrero de 1568. A. M. Va. Leg. ant. 2, n.º 6.
AGAPITO GARCÍA. *Ob. cit.*, pág. 156, n.º 52.
(67) Cédula real fecha en Aranjuez a 2 de diciembre de 1568. A. H. N. *Códices*, n.º 49, fol. 78.
(68) A. M. Va. Leg. ant. 2, n.º 6. Copia en A. H. N. *Códices*, n.º 49, fol. 82.
AGAPITO GARCÍA. *Ob. cit.*, pág. 157, n.º 54.
(69) A. M. Va. Leg. ant. 2, n.º 6.
AGAPITO GARCÍA. *Ob. cit.*, pág. 158, n.º 56.
D. Pedro de Castilla, del Consejo de Navarra, pasó en 28 de marzo de 1569 a la Real Audiencia de Valladolid, a ocupar el cargo de oidor

Una vez más, ahora por fallecimiento de D. Pedro de Castilla, fue necesario designar Comisario de la reedificación, recayendo el nombramiento en el licenciado D. Pedro Enríquez, por cédula de El Pardo a 30 de septiembre de 1576 (70).

Y por fallecimiento de D. Pedro Enríquez, de nuevo se designó otro Comisario, por cédula de Lisboa a 22 de noviembre de 1582, en la persona del licenciado García de Quiñones (71).

En 1588 falleció Quiñones y se dio la comisión de la reedificación al corregidor D. García de Castro y sucesivamente a los demás corregidores. Los problemas debían haberse reducido a los derivados de la sisa y su administración, pero en 1592 el fiscal Ruiz Pérez de Rivera representó al Rey los perjuicios que podían resultar a la villa y a los negociantes y forasteros de que tal administración estuviese en manos de los corregidores, que en ocasiones podían considerar su producto como propios, ante cuyas razones se nombró al licenciado Francisco de Barrionuevo (72).

---

vacante por traslado del licenciado Diego Gasca de Salazar a la Audiencia de la Contaduría Mayor de Hacienda. (A. R. Ch. Va. *Libro del Acuerdo general de 1560 a 1571*, fol. 204.

(70) A. M. Va. Leg. ant. 2, n.º 6.

AGAPITO GARCÍA, *Ob. cit.*, pág. 159, n.º 60.

D. Pedro Enríquez había llegado a oidor de Valladolid, desde alcalde mayor del reino de Galicia, en la vacante del Dr. Francisco de Vera promovido al Consejo de Ordenes (A. R. Ch. Va. *Libro del acuerdo general de 1572 a 1582*, fol. 21.)

(71) A. M. Va. Leg. ant. 2, n.º 6.

AGAPITO GARCÍA. *Ob. cit.*, pág. 160, n.º 62.

(72) Cédula real fecha en Nájera a 9 de noviembre de 1592. A. M. Va. Leg. ant. 2, n.º 6.

AGAPITO GARCÍA. *Ob cit.*, pág. 160, n.º 63.

ECONOMIA DE LA REEDIFICACION

¿Cómo pudo Valladolid realizar tan costosa obra? La villa, a pesar de la marcha de la corte que posiblemente no se creía definitiva, continuaba cuidando sus propios municipales, pero los tiempos no ayudaban al Municipio y cuando precisaba realizar obras extraordinarias tenía que acudir, como en todas las épocas, a medidas y recursos también extraordinarios.

Dos años antes del gran incendio, el Ayuntamiento en virtud de acuerdo tomado en 7 de agosto de 1559, presentó una petición al Rey suplicándole licencia para tomar de las fincas del encabezamiento la cantidad necesaria para poder atender las obras públicas de la villa. Acompañaba, entre otros documentos, testimonio de una información realizada por diversos técnicos de la villa, a saber, Juan de la Vega y Rodrigo de la Riva, maestros de cantería; Diego de Guadix, maestro de fuentes y albañil; Juan Alonso de Negrón, maestro de empedrados; Juan Ramos, maestro de calces del Esgueva; Pedro del Valle o de Valladolid y Alonso de Zamora, alarifes, y Juan de Toro, carpintero.

Las obras necesitadas de atención y el presupuesto de su importe eran los siguientes:

Para acabar la obra de las Carnicerías ......   1.500 ducados
Para el reparo del puente mayor ....   2.000   »
Para la fuente del puente mayor, que se
    hacía de nuevo   300   »
Para las conducciones de aguas   250   »

Para las fuentes de la villa y traída de agúas	800	ducados
Para hacer el puente del Prado de la Magdalena	1.200	»
Para hacer el puente de la Puerta de San Juan	600	»
Para las casas del Ayuntamiento «que no se puede abitar en ellas por estar tan viejas e desplomadas e para se hundir»	10.000	»
Para aderezo de los caminos peligrosos ...	2.000	»
Para reparo de los puentes de Puente Duero y Tudela	800	»
Para la Pescadería	1.000	»

En total 20.450 ducados a los cuales se añadirían otros 3.300 ducados, como mínimo, que la villa necesitaba para poder situar en la alhóndiga el cereal que estaba mandado, que ascendía a 11.000 fanegas de trigo y 4.000 de cebada.

Después de estudiar la petición de Valladolid, los Doctores Anaya y Gasca, del Consejo, y los oidores de la Contaduría Mayor concedieron licencia a la villa en 15 de septiembre del mismo año (73) para que de las obras y ganancias que hubiere habido en las rentas de ella hasta fines del año 1559 pudiese tomar 8.000 ducados para las siguientes obras.

2.000 para el puente del Río Mayor.

1.000 para el puente de las Carnicerías.

1.000 para que se prestasen al obligado del pescado, y

4.000 para la reparación de las casas del Consistorio, a cuya obra se aplicaría además, si lo hubiere, el sobrante de lo destinado al puente mayor.

---

(73) A. G. S. *Expedientes de Hacienda*. Leg. 194.

También los gastos de la reedificación eran no sólo extraordinarios sino excepcionales. Y de análogo modo a como se había provisto en lo técnico, se resolvió en lo económico.

Ya queda apuntado que en la carta real de 19 de marzo de 1562 (74) se autorizaba a pagar los gastos de expropiación de casas y solares «del dinero que procediere de la sisa y otras cosas» que se había autorizado para el remedio y ayuda de la obra. Y ahora agregaremos que la palabra *sisa* producía un temor indescriptible en la mayor parte de los vecinos. En la sesión del 6 de abril de dicho año, el regidor Hernando o Fernando Sánchez de Tovar llamó la atención sobre tal cláusula y pidió se suplicase no se echase sisa para aquel fin e incluso que se recurriese contra la orden real, pero el Corregidor con gran habilidad soslayó el problema en aquel momento alegando que entonces no se trataba «de echar sisa», ofreciendo que cuando se tratare de ello se daría cuenta al Ayuntamiento (75).

La ocasión se presentó muy rápidamente, pues el día 17 del mismo mes de abril, el regidor Antonio de Alcaraz, que estaba en la Corte comisionado para negociar el asunto de la reedificación, habiendo regresado, acudió al Concejo y presentó al Ayuntamiento, entre otros documentos de que era portador, una carta real dada en los Toros de Guisando el 28 de marzo anterior por la cual se concedía facultad a la villa para imponer una sisa que había de cobrarse a todos y cualesquier personas eclesiásticas y seglares, colegios y monasterios, incluso cuando el propio Rey o la Corte estuviesen en Valladolid, sobre la carne y el vino, hasta recaudar la suma de treinta mil ducados

---

(74) Véase pág. 32.
(75) A. M. Va. *Libro de acuerdos* n.º 8 (1561-1568), fol. 173.

(11.250.000 maravedís) con arreglo a determinadas normas. En el acta de la sesión se consigna la advertencia «aunque no se despachó a pedimiento d'esta villa ni del dicho Antonio de Alcaraz en su nombre» y como en casos de análoga importancia el Ayuntamiento acordó convocar a regimiento pleno que había de reunirse ocho días después, el viernes 24, para tratar sobre lo que se debía hacer en relación con dicha disposición.

Las imposiciones autorizadas fueron una blanca (medio maravedí) por cada libra de carne de carnero o de vaca y un azumbre por cada cántaro de vino que suponía una cantidad variable según los precios de cada año para las distintas calidades de tan usual bebida (76), pero se suprimieron entonces todas las otras sisas que pudieran estar autorizadas o impuestas.

Con el producto de la recaudación podrían pagarse los censos que se constituyesen sobre solares y casas expropiadas para plazas y calles públicas o para el nuevo edificio del Ayuntamiento y naturalmente las labores todas de la reedificación.

Para garantizar la buena administración de este impuesto, se dispuso que la recaudación se guardase en un arca depositada en el monasterio de San Pablo (posteriormente se designó el de San Francisco) con tres llaves que tendrían respectivamente el oidor más antiguo de la Audiencia, el Corregidor y un Regidor del Ayuntamiento. En el arca, con el dinero, se guardaría un libro de caja cuyas partidas de entradas y salidas irían firmadas por los

---

(76) En 1562, el Ayuntamiento tasó los vinos muy buenos a 18 y 22 maravedís el azumbre; en 1574, el vino nuevo a 16 maravedís; en 1576, el vino nuevo a 24 maravedís como máximo y el de la cosecha inmediata anterior a 28; en 1577, el vino de moscatel a cinco reales (170 maravedís) y a 20 maravedís el corriente; en 1578, a 20 maravedís; en 1595, el vino nuevo (cosecha de 1594) a 28 maravedís, el añejo (1593) a 40 maravedís y el trasañejo (1592 y anteriores) a 52.
A. M. Va. Libros de acuerdos n.º 8, 6, 7 y 12.

tres depositarios citados y el Mayordomo de propios del Concejo, libro del que llevaría otro duplicado el mencionado Mayordomo; trimestralmente habría de hacerse cuenta o arqueo de ingresos y gastos y anualmente enviarse al Consejo de la Cámara de Castilla relación con cuenta de lo cobrado y pagado y del estado de la obra (77).

Como transcurriese el tiempo sin que esta última norma se hubiese cumplido, el Ayuntamiento suplicó al Rey sobre ello y en consecuencia el 25 de julio de 1563 (78) se dispuso que el Dr. Gasca, a la sazón juez de la traza o reedificación, tomase la cuenta de lo recaudado y pagado hasta el momento.

Es muy posible que la petición del Ayuntamiento tuviese miras interesadas, ya que hubo de verse en seguida la necesidad de renovar tal licencia y facultad para poder seguir cobrando mayor cantidad de dinero. En efecto, los primeros 30.000 ducados que comenzaron a cobrarse a partir del 23 de septiembre (79) estaban totalmente recaudados y gastados a mediados de 1564, cuando la obra estaba casi en sus comienzos, por lo cual el Concejo solicitó del Rey prorrogase la percepción de la sisa en las mismas condiciones en que fue establecida, a lo que accedió el Monarca por su carta real dada en Madrid a 3 de julio de dicho año (80), concediendo otros veinte mil ducados.

---

(77) A. M. Va. Leg. ant. 2, n.º 6.
AGAPITO GARCÍA. Ob. cit., pág. 124, n.º 4.
(78) Cédula real fecha en Madrid. A. G. S. Cámara de Castilla: Libro 135, hoja 509.
(79) A. M. Va. Libro de acuerdos n.º 8, fol. 256 v.º
(80) A. M.Va. Leg. ant. 2, n.º 6.
AGAPITO GARCÍA. Ob. cit., pág. 140, n.º 18.
Estos primeros cincuenta mil ducados son sin duda los que menciona LUIS CABRERA DE CÓRDOBA en su Historia de Felipe II, de donde la noticia pasó a otros autores y sus respectivos libros, lo cual nos permite fijar la fecha en que aquél escribió dicha parte de su obra, antes de la segunda prórroga de la sisa (Libro VI. Cap. XII. Madrid, 1876. Tomo I, pág. 373).

Sucesivas prórrogas de la merced fueron otorgadas en 30 de septiembre de 1565 por importe de otros 20.000 ducados (81); en 8 de diciembre de 1566 por cantidad análoga, 20.000 ducados (82); en 15 de enero de 1569 por otros 30.000 ducados (83), los cuales estaban consumidos a principios de 1572, es decir, que en diez años de imposición, se habían cobrado y empleado 120.000 ducados; en 30 de marzo del indicado año de 1572 se concedieron 20.000 ducados más (84), última prórroga con expresión de cantidad.

En 16 de diciembre de 1573 (85) se autorizó el cobro de la expresada sisa durante todo el año siguiente 1574, sin que en la cédula real se expresase cantidad tope máxima que pudiera percibirse, pero si calculamos sobre la media aritmética de años anteriores, no es aventurado suponerle un valor de 12.000 ducados. Análoga autorización se repitió en 18 de diciembre de 1574 (86) para los años 1575 y 1576 y como en el caso anterior la valoramos, posiblemente por bajo, en 24.000 ducados para ambos años.

Pero en la misma fecha de la última autorización de prórroga citada, el Rey firmó otra cédula (87) dirigida al Presidente de la Real Audiencia y Chancillería, Obispo de Palencia que era D. Juan Zapata de Cárdenas y al oidor

---

(81) Cédula real fecha en el Bosque de Segovia. A. M. Va. *Loc. cit.*

AGAPITO GARCÍA. *Ob. cit.*, pág. 153, n.º 39.

(82) Cédula real fecha en Madrid. A. M. Va. *Loc. cit.*

AGAPITO GARCÍA. *Ob. cit.*, pág. 155, n.º 48.

(83) Cédula real fecha en Madrid. A. M. Va. *Loc. cit.*

AGAPITO GARCÍA. *Ob. cit.*, pág. 157, n.º 53.

(84) Cédula real fecha en San Lorenzo. A. M. Va. *Loc. cit.*

AGAPITO GARCÍA. *Ob. cit.*, pág. 158, n.º 57.

(85) Cédula real fecha en El Pardo. A. M. Va. *Loc. cit.*

AGAPITO GARCÍA. *Ob. cit.*, pág. 159, n.º 58.

(86) Cédula real fecha en Madrid. A. M. Va. *Loc. cit.*

AGAPITO GARCÍA. *Ob. cit.*, pág. 159, n.º 59.

(87) A. H. N. *Códices:* n.º 49, hoja 85.

de la misma, licenciado D. Pedro de Castilla, que entonces era juez de la traza, para que hiciesen información
sobre la solicitud de la villa de que se prorrogase la sisa
por espacio de nueve o diez años y con su importe amorti-
zar los nueve mil ducados anuales que ya por entonces
pagaba de intereses por los censos creados a diez y ocho
mil el millar, lo que suponía un capital adeudado de
162.000 ducados por los solares y casas que se habían tomado para ensanchar la Plaza Mayor y calles del nuevo
trazado así como las costas que se habían tenido en los
edificios reedificados. La información una vez realizada,
sería entregada, cerrada y sellada al Concejo para que éste
la presentase en el Consejo de la Cámara y en él se tomase
la pertinente resolución (88).

Como no se recibía contestación a la petición anterior, antes de finalizar 1576 el Ayuntamiento acudió de
nuevo al Rey exponiéndole su agobiadora situación económica, ya que la deuda había ascendido a 180.000 ducados
(67 millones y medio de maravedís), cantidad aproxima-
damente igual a la recaudada por sisa en los catorce años
que llevaba inplantada, desde marzo de 1562 hasta diciembre de 1567, por los cuales había de pagar 9.900 ducados
anuales de intereses al 5,55 por 100 correspondiente a la
capitalización ya mencionada de diez y ocho mil el millar,
determinada en la carta real de concesión de la sisa.

Los censos constituídos al tipo indicado eran bene-
ficionsos para la villa porque la capitalización de la renta
pública o juros usual en el siglo xvi era de 14.000 el millar (89) y cuando el propio Ayuntamiento vallisoletano solicitó autorización real para tomar cuatro mil ducados a

---

(88) A. H N. Códices: n.º 49, hoja 85.
(89) Por carta real firmada de la Emperatriz Isabel, en Medina
del Campo a 23 de febrero de 1532, se disponía la redención de treinta

censo, es decir, a préstamo, Felipe II la concedió condicionada a que los límites mínimo y máximo de capital correspondiente al millar de renta fuesen 14.000 y 18.000 respectivamente, equivalentes a interés comprendido entre 7,143 y el 5,55 por 100 (90).

Esta fue la razón de que el 14 de enero de 1577, Felipe II que tanto había favorecido a Valladolid, autorizase una vez más la prórroga del impuesto, destinado ahora exclusivamente «para desempeñar y reducir a la dicho villa de las deudas de los censos y reditos que d'ellos paga» y no para ninguna otra cosa de la reedificación ni salarios de ministros u oficiales empleados en ella (91).

La prórroga citada tenía carácter provisional hasta que los licenciados D. Luis Tello y D. Pedro Enríquez, oidores de la Real Audiencia y Chancillería presentasen un informe que el Rey les había encargado sobre las deudas, censos y réditos que obligaban a la villa, informe que debió de ser suficientemente favorable para que la sisa tomase carácter de permanencia o casi. En efecto, en 1592 seguía todavía vigente pues en 9 de noviembre se encargaba de su administración y distribución de los maravedís que produ-

---

y ocho juros concedidos por cartas de privilegio «de los católicos reyes, nuestros padres e abuelos» situados en las rentas del partido de Valladolid a catorce mil maravedís el millar. (A. G. S. *Expedientes de Hacienda*: leg. 194).

Por pragmática dada en El Pardo a 18 de febrero de 1573 se establecía el capital de los censos perpetuos fundados en el reino de León, marquesado de Villafranca y provincia del Bierzo en 14.000 el millar. (FAUSTINO GIL AYUSO. *Noticia bibliográfica de textos y disposiciones legales de los reinos de Castilla impresos en los siglos XVI y XVII*. Madrid, 1935. Pág. 86, n.º 343.

En sesión del Ayuntamiento de 20 de julio de 1577 se comisionó al regidor Galaz de Burgos para subir el capital de los censos constituidos a razón de 14 y 15, hasta 16.000 el millar, lo que suponía bajar el interés hasta el 6,25 % (A. M. Va. Libro de acuerdos n.º 7, hoja 125).

(90) A. H. N. *Códices:* n.º 49, fol. 83.

(91) Cédula real fecha en Madrid. A. M. Va. Leg. ant. 2, n.º 6. AGAPITO GARCÍA. *Ob. cit.*, pág. 159, n.º 61.

cia al oidor D. Francisco de Barrionuevo (92), volviendo así a las normas aconsejadas en el informe arriba citado, que se habían interrumpido en este aspecto unos cinco años atrás cuando por fallecimiento del también oidor licenciado Quiñones, se dio aquella comisión el corregidor don García de Castro. Para esta fecha, según se dice en la real cédula, la sisa producía al año más de 25.000 ducados.

---

(92) Cédula real fecha en Nájera. A. M. Va. *Loc. cit.*
Agapito García. *Ob. cit.*, pág. 160, n.º 63.

RECLAMACIONES CONTRA LA SISA

Protesta Municipal.

Sin embargo de que este procedimiento fue uno de los usuales en la época para obtener contribuciones especiales o extraordinarias, también es cierto que con la misma frecuencia se registran opiniones contrarias a las imposiciones de sisa, basadas en que encarecían los abastecimientos y la vida como si los demás impuestos no repercutiesen de modo análogo sobre ellos. Es muy posible que tales opiniones contrarias disimulasen con aquellos razonamientos las protestas de quienes estando exentos de contribuir a los repartimientos, por merced o privilegio. se veían obligados a pagar el impuesto indirecto de la sisa.

Presentada la carta real en el Ayuntamiento el 17 de abril de 1562, pasa la sesión del 24 sin que se trate del asunto y se llega a la del 29 del mismo mes, en la cual se celebró votación nominal y se acordó por mayoría enviar una comisión a Madrid con cierta petición para que la sisa fuese anulada. El Corregidor debió de obstruir el cumplimiento del acuerdo y posiblemente avisase a la Corte lo sucedido, e incluso tuviese ocasión de informar personalmente cuando pasó a Madrid para tratar otros problemas de la reedificación. Varios días, en sus reuniones de concejo, los regidores plantean la cuestión y al cabo de un mes, cuando el Corregidor está en Madrid, el Ayuntamiento, presidido por su Teniente, acuerda que el regidor

Hernán Sánchez de Tovar y el procurador mayor doctor Abaunza partan hacia la Corte provistos de una instrucción para su actuación y de cartas para Su Majestad y para los señores Comisarios de la traza y reedificación. Ni que decir tiene que a los comisionados se les proveyó de fondos cincuenta ducados a cada uno para gastos de viaje, y que en principio se les señaló un plazo a su comisión, que no debía exceder de qunice días (93).

Por fortuna, así como nos son desconocidos importantes documentos incluso los planos de la reedificación, se han conservado hasta nosotros la instrucción dada por el Ayuntamiento a los comisionados y la suplicación presentada al Rey sobre el caso (94).

Según la primera, Sánchez de Tovar y el Dr. Abaunza, una vez en la corte y obtenida audiencia de Felipe II, debían entregarle sus credenciales y exponerle verbalmente lo mucho que importaba a la villa «e pobres d'ella» que no se usase de la carta real concediendo la sisa y que la villa ofrecía en sustitución de los 30.000 ducados los suelos que se aumentaban con la nueva traza de los cuales aquél había hecho donación previa a Valladolid.

Debían, en segundo lugar, visitar a los consejeros y comisarios, entregarles las cartas que para ellos llevaban e informarles de lo mismo que a S. M.

Y por último, suplicar de la carta real, debiendo encargarse los letrados de la villa en el Consejo de redactar el correspondiente documento, hecho lo cual, regresaría el doctor Abaunza y permanecería en la corte Sánchez de Tovar hasta conocer el resultado del negocio y avisarlo al Concejo.

El recurso alegaba, entre otras razones, que las licen-

(93 A. M. Va. Libro de acuerdos, n.º 8 (1561-1568), fol. 203.
(94) A. M. Va. Leg. ant. 2, n.º 6.
AGAPITO GARCÍA. Ob. cit., pág. 163 y 161 respectivamente.

cias para imponer sisa no se solían proveer sin previas informaciones en los lugares y poblaciones afectadas y pareceres de las Justicias; que la sisa acordada no era necesaria como tampoco era necesaria sino voluntaria la edificación conforme a la traza aprobada y que pues «sin neçesidad urgente de la republica no se puede tomar al particular su hazienda» no se sufría que a los vecinos particulares se les expropiasen los suelos y para pagarlos se estableciere un impuesto con el cual ellos mismos contribuirían a pagar sus propios solares; que a dichos vecinos se les había prohibido reedificar sus casas con graves perjuicios para todo, y finalmente, que para obtener 30.000 ducados de sisa se habían de perder otros tantos en poder de cogedores, cobradores y administradores.

Sánchez de Tovar permaneció en la corte sesenta y ocho días (95) durante los cuales escribió diversas cartas al Concejo con noticias sobre el desarrollo de su comisión. El 8 de agosto estaba ya de regreso en Valladolid y asistió a la sesión del Ayuntamiento en la cual dio cuenta de lo actuado y para tratar sobre ello se acordó citar a regimiento pleno para el miércoles siguiente día 12.

Sin embargo, el libro de acuerdos del Ayuntamiento que nos suministra estos datos, no consigna noticia alguna de las reseñas de sesiones sucesivas (96) hasta la del día 27.

En ella, el licenciado Hinojosa, alcalde mayor de la villa por Su Majestad y Teniente de corregidor interino, (97) que presidía, mandó a Sánchez de Tovar que

---

(95) En 28 de agosto de 1562 el Ayuntamiento acordó se librasen a su favor 136 ducados de dietas a razón de dos diarios. A. M. Va. Libro de acuerdos n.º 8, fol. 243.

(96) A. M. Va. Libro de acuerdos n.º 8 (1561-1568). Fols. 236 a 240.

(97) El Corregidor don Luis Osorio, participó al Ayuntamiento, reunido en su casa, el día 15 de septiembre de 1562 que por fallecimiento del licenciado Juan Gutiérrez, teniente de corregidor, nombra-

refiriese su actuación en la corte y aunque, según manifestó, ya había dicho muchas cosas en las sesiones anteriores, explicó en esta ocasión algunas visitas realizadas y su resultado.

Comenzó diciendo que la última respuesta y resolución se le dio por Francisco de Eraso, secretario del Rey, en su nombre, quien le manifestó de palabra que Su Majestad quería que se efectuase lo que primero había mandado. Agregó que después fue a hablar con el Marqués de Mondéjar, Presidente del Consejo Real, el cual le dijo que creía que Su Majestad no haría agravio a la villa en mandar echar sisa, sino que enviaría el asunto a los Comisarios de traza para que éstos deshiciesen el agravio. Y aludió seguidamente a su visita al Confesor de Su Majestad a quien comunicó la respuesta de Eraso por la que aquél le mostró su pesar ofreciéndole que hablaría al Rey sobre el asunto y que le escribiría con sus noticias sobre ello.

Manifestó por último que la carta real de los 30.000 ducados que había llevado, juntamente con la suplicación que él y el doctor Abaunza habían hecho, quedaron en poder del secretario Vallejo y que el Consejo Real había respondido que se acudiese a Su Majestad.

Antes de dejar el uso de la palabra pidió que si se había de votar, se tuviese en cuenta la ley y capítulo de los corregidores en lo tocante a incompatibilidades para aquellos regidores cuyas casas se hubiesen quemado y resultasen afectados por la disposición real protestada.

Pero el Alcalde mayor presidente de la sesión, interpretando la ley mencionada en su sentido más amplio y considerando que el asunto no tenía carácter particular

---

ba para sustituirle al licenciado Hinojosa que hasta entonces había sido Alcalde mayor (A. M. Va. Libro de acuerdos n.º 8, fol. 250 v.º).

sino que atañía a la población en general, dispuso que votasen todos los regidores por su antigüedad.

Entre las diferentes opiniones expuestas resalta la unanimidad en reconocer que habiéndose estudiado la posibilidad de sustituir la sisa por otro procedimiento de habilitar numerario «no se a allado nengún medio» y que los Comisarios de la traza «asimismo no an allado otros medios» sino los dichos. También se trasluce en algunos votos la impresión que produjo la respuesta de Eraso sobre la voluntad real de que la sisa tuviese efecto.

No se logró resolución concreta sino que la mayoría opinó y así se acordó comunicar lo tratado al Sr. Presidente de la Audiencia, para que con su parecer se tomase la última resolución sobre el asunto (98).

¿Qué había sido de la reclamación mientras tanto? La respuesta del Consejo Real, conocida por Sánchez de Tovar, se había decretado el 9 de junio e inmediatamente fue cumplimentada. El día 13, en la consulta que tuvo el licenciado Pedrosa con Su Majestad salió provista la desestimación cuya comunicación oficial fue la sobrecarta dada en el Bosque de Balsaín a 18 de agosto siguiente (99).

Esta sobrecarta juntamente con la primera y la súplica contra ella, fue presentada al Ayuntamiento en sesión de 4 de septiembre y su lectura produjo la impresión que es de suponer.

Aunque algunos regidores se manifestaron favorables a su cumplimiento, hubo una mayoría que votaron por hacer nueva suplicación. Cuando todos habían expuesto su parecer, el teniente de corregidor interino y alcalde mayor, licenciado Hinojosa, dijo que «atento qu'este negocio es de

---

(98) A. M. Va. Libro de acuerdos n.º 8, fols. 240 a 243.
(99) A. M. Va. Leg. ant. 6, n.º 2. Copiada en Libro de acuerdos n.º 8, fol. 244-245.
AGAPITO GARCÍA. *Ob. cit.*, pág. 129, n.º 6.

justicia, no tiene obligación a se conformar con la mayor parte de los botos, atento lo qual dixo que mandava e mando lo contenido en la dicha probision e sobrecarta se executen como en ella [se] contiene» (100). No terminaron aquí las incidencias. Días después se reitera el deseo de presentar nuevo recurso contra la decisión real y el licenciado Hinojosa prohibe bajo ciertas penas a los secretarios del Ayuntamiento que refrenden ninguna petición e escrito relacionado con la susodicha sisa. Haciéndose eco de la prohibición Alonso de Santisteban y Hernán Sánchez de Tovar en sesión de 11 de septiembre, en la cual el Alcalde mayor en funciones de Corregidor reiteró su criterio de que la primera suplicación interpuesta por la villa, había sido presentada en el Consejo Real y cometida su resolución a los señores Menchaca, Velasco y Gasca, no como jueces de la traza, sino como oidores del mencionado Consejo «donde fue determinado lo que contiene la sobrecarta» y que en consecuencia no había lugar de interponer nueva súplica en cosa juzgada.

Podemos estar seguros de que los regidores disconformes de la aplicación de la sisa seguirían manteniendo su opinión y deseo de reclamar contra ella mientras que los representantes de la autoridad real, el Corregidor y su teniente, apoyados por aquellos otros que aceptaban el impuesto, tendrían a la Corte al corriente de cuanto ocurría.

Y he aquí que en estos críticos días dan señales de vida los recién nombrados comisarios o jueces de la traza, licenciado Menchaca y doctor Velasco, quienes con cédula real de 18 de agosto tienen autoridad para intervenir y resolver todos los negocios derivados del incendio y reedificación.

Su primera actuación, reflejada en los libros de acuer-

---

(100) A. M. Va. Libro de acuerdos n.º 8 (1561-1568). Fol. 247.

dos del Ayuntamiento, va a poner punto final en el discutido asunto de la sisa. En efecto, el teniente de corregidor licenciado Hinojosa presenta al Ayuntamiento el 16 de septiembre, un auto o resolución de aquéllos de fecha 13 anterior, por el cual se manda que sin embargo de cualquier suplicación interpuesta o que se interpusiese de la carta real de la sisa «se guarde e cumpla e se lleve a devida hesecucion» como en ella se contenía bajo pena de mil ducados a cada persona que contra ello fuere.

Que el asunto había trascendido a toda la población lo demuestra el hecho de que en el mismo Ayuntamiento, Juan de Fuentes en nombre y como procurador del Prior y Cabildo y clerecía y monjes de la villa había presentado un requerimiento al Concejo tocante a la sisa de que tratamos, juntamente con una carta ejecutoria, es de suponer que relativa a su exención de ella, apercibiendo a la villa, es decir, al Ayuntamiento con las excomuniones «en que dizen que esta villa yncurre en echar la dicha sisa».

Aunque como se está viendo y se volverá a ver seguidamente, la cobranza de la sisa iba a ofrecer reparos y dificultades, podemos decir que el auto de Menchaca y Velasco fue el comienzo efectivo de la imposición y los hechos demostraron a posteriori el acierto de la determinación real, pues no se puede imaginar cómo iba a haberse podido proveer de otro modo el medio millón de ducados que en números redondos el Ayuntamiento invirtió en la obra, aparte las aportaciones privadas en la reconstrucción de las casas particulares.

Otras protestas.

Después de la municipal, la Corte tuvo que resolver inmediatamente otra reclamación de mayor calidad cuyas primeras noticias acabamos de mencionar. La Iglesia mayor y los monasterios de religiosos y religiosas alegaron estar libres y exentos de semejantes contribuciones tanto por disposición de santos concilios como «por particular concordia» que tenían hecha con la villa; el Rey ordenó al doctor Gasca (101) que tratase con los reclamantes como mejor estimase y llegase a un acuerdo con ellos ya que por una parte él, el Rey, había dispuesto que la sisa «la pagasen todas y cualesquier personas así eclesiásticas como seglares» a fin de que la reedificación se acabase con toda brevedad y por otra parte deseaba que aquéllos no acudiesen más a la Corte sobre este asunto, palabras que pueden interpretarse respecto de su significación, tanto en un sentido como en otro.

La gestión del doctor Gasca no debió de tener éxito y el pleito siguió su curso. En 24 de diciembre de 1565, el Consejo Real citaba al Concejo de la villa para que se personase en dicho pleito y de la citatoria se dio cuenta al Ayuntamiento en sesión del lunes 31 del mismo mes y año de la provisión (102). Consultado el caso con dos letrados y llevado de nuevo a regimiento pleno el 25 de enero de 1566, Diego de Gálvez, procurador mayor de la villa, pidió y requirió a los señores Justicia y regidores enviasen poder y recaudos a la Corte para que se respondiese a la demanda de la Iglesia Mayor, como así se acordó por mayoría después de una razonada e interesante votación.

Caso particular y curioso fue el del licenciado Isunza, oidor de la Audiencia, quien el 31 de agosto de 1563, trajo a la villa para su consumo y entró por la puerta de San Juan, tres cargas de vino de las cuales los arrendadores de la sisa tomaron prendas, que aquél libertó por su propia autoridad. Elevada queja al Rey, éste le dirigió una cédu-

---

(101) Cédula real fecha en Madrid a 31 de julio de 1563. A. G. S. *Cámara de Castilla:* Libro 132, hoja 507.

(102) A. M. Va. Libro de acuerdos n.º 8, sin foliar.

la (103) en que ratifica su orden de que la sisa comprendía a «todas y cualesquier persona eclesiásticas y seglares, colegios y monasterios de cualquier estado y condición que sean no ovstante cualesquier titulos y privilegios que tengan», le reprende por su abuso de autoridad («no devierades —dice— d'escusar la paga d'ella mas dar orden como se cumpliere») y le ordena pague lo correspondiente a aquel vino y cualquier otro que hubiese introducido desde entonces o trajese en lo sucesivo.

El pago de la sisa por el Presidente y Oidores de la Real Audiencia y Chancillería también tuvo repercusiones. Se dirigieron al Rey en súplica de excepción del impuesto y les fue denegada. Pasado algún tiempo volvieron a elevar su petición pretendiendo que no debian pagar ni contribuir en la sisa y de nuevo se les reprende por cédula real, su fecha en El Escorial a 11 de marzo de 1566 (104), que «ya otra vez que d'esto se ha tratado, os fue advertido que siendo la dicha sisa para el effecto que es y haviendo mandado contribuyr y pagar en ella generalmente a todos, no era cosa conviniente que vosotros os escusasedes, antes deviades de pagar y contribuyr para dar exemplo a los demás y autoridad al negocio y por esas mismas causas ha parecido que no conviene hazer novedad y que conforme a lo que ya os está respondido se proçeda en este negoçio porque asi conviene».

La respuesta real fue obedecida y cumplida de inmediato, pero de sus términos se recurrió o tal vez se planteó el asunto de nuevo o por otra vía ante el Consejo Real de Castilla, el cual haciendo caso omiso, es decir, desconociendo desde el punto de vista jurídico, las cédulas reales antes

---

(103) Madrid, 5 de agosto de 1564. A. G. S. *Cámara de Castilla:* Libro 141, hoja 35 vuelta.

(104) La cédula original se conserva en el Archivo de la Real Chancillería. *Cédulas:* leg. 2, n.º 97. Copia de la misma en A. H. N. *Códices:* n.º 49, hoja 69 vuelta.

comentadas, expidió en 22 de mayo de 1568 una provisión real (105) librada de los consejeros licenciado Diego de Espinosa, licenciado Briviesca de Muñatones, licenciado Morillas, doctor Durán y licenciado Fuenmayor y refrendada del secretario Domingo de Zavala, por la que se mandaba al Concejo, Justicia y Regimiento de la villa de Valladolid que no echasen sisa en los mantenimientos que se vendían en ella al Presidente, Oidores, Alcaldes del crimen y Fiscales de la Audiencia y Chancillería y que se les devolviese y restituyese lo que se les hubiese cobrado por aquel concepto.

Los tres documentos citados de 1563, 1566 y 1568 reflejan un duelo de poderes: el del Rey, que fundamenta su decisión reiteradamente en el bien general de la población y en el ejemplo que la actitud de personas de rango social tan destacado como el Presidente y Oidores daría a los demás habitantes de la villa acogidos a situaciones privilegiadas, y el de los magistrados en general, tanto los de la Audiencia como los del Consejo Real, que basados en la fuerza del Derecho mantienen sus privilegios y, estimando de menor valor documentos con firma real, libran otros firmados por algunos de ellos mismos, jueces y partes, que contradicen los primeros y posiblemente llegan a anularlos. Y decimos posiblemente porque sin haber encontrado todavía alguna otra disposición confirmatoria, lo cierto es que en sesión del Ayuntamiento del miércoles 24 de diciembre de 1567, antes de que la provisión mencionada fuese librada se comisionó al regidor Jerónimo de la Bastida para que hiciese devolver a los Sres. Inquisidores la sisa que se les había llevado, como se les había devuelto en otras sisas anteriores, y que otro tanto se hiciese con la Iglesia

(105) A. R. Ch. Va. *Libro del Acuerdo general de 1560 a 1571*, hoja 186 v.º

Mayor y la Chancillería y con los Sres. Presidente, Oidores y Oficiales de ella (106).

Otros fallos en la recaudación.

El procedimiento de recaudación originó cuestiones que repercutieron económicamente en el éxito del impuesto. Era corriente que la percepción de renta e impuestos no se gestionase directamente por los Ayuntamientos sino que se arrendasen porque de este modo aquéllos tenían asegurada nominalmente la cobranza y en ocasiones de urgente agobio podían recibir anticipos del arrendamiento. La contrapartida estaba en la morosidad o falta de pago por parte de los arrendadores, que llevaban aneja la consiguiente reclamación y en algunos casos el pleito correspondiente.

Así pasó con la sisa de que tratamos. En 1563 se habían tomado cuentas a los arrendatarios Gregorio Romano y otros de sus consortes o socios, que resultaron alcanzados en cinco mil y tantos reales y habiéndose dispuesto ejecución de bienes por tal cantidad le Audiencia ordenó se suspendiese, dando origen a una cédula real ((107) suprimiéndole el conocimiento del pleito y su remisión al Consejo Real. En algunas sesiones del Ayuntamiento se trata de este pleito y de ciertas gestiones y comisiones encargadas a algunos regidores sobre él, hasta que sustanciado el proceso y por acuerdo del muy alto organismo, el Rey expidió año y medio más tarde, en Madrid a 3 de abril de 1566, una cédula por la cual se mandaba a los arrendatarios li-

---

(106) A. M. Va. Libro de acuerdos n.º 8 (1561-1568), sin foliar.
(107) Fecha en el Monasterio de Guisando a 11 de abril de 1563. A. G. S. *Cámara de Castilla:* Libro 139, hoja 25.

tigantes que abonasen a la villa sin dilación alguna la cantidad que ésta les reclamaba (108).

También los arrendatarios tuvieron fallos en la cobranza. A las resistencias y negativas al pago como las relatadas anteriormente se unieron condescendencias o créditos concedidos a diversos vecinos de la villa que no fueron abonados, así aquellos pasaron por difíciles situaciones pecuniarias cuando el Consejo les requería al abono de lo recaudado. Alguna vez expusieron cuánto se les debía a ellos. El Rey hubo de acudir una vez más por su cédula real (109) y comisionar en 1564 al licenciado Juan de Vargas, entonces juez de la traza, para que juzgase las peticiones de los arrendatarios y proveyese el modo de que les fuese pagado todo lo que se les debía.

Excepcionales aplicaciones de la sisa.

El dinero de la sisa, dadas las condiciones y escrupulosidad de su administración, era un fondo de reserva excelente que tentaba al Concejo, tan escaso siempre y en especial después del incendio, de bienes propios que le produjesen ingresos suficientes para atender a todas sus obligaciones.

Los libros de acuerdos testimonian cuántas veces el Ayuntamiento hubo de acudir al empréstito a corto y largo plazo, no sólo para satisfacer los pagos ordinarios cuando la caja estaba débil, sino también para poder cubrir los gastos efectuados en ocasiones extraordinarias que no fal-

---

(108) A. M. Va. Libro de acuerdos n.º 8, Sesiones de 11 de mayo de 1565 y otras.

A. M. Va. Leg. ant. 2, n.º 6.

AGAPITO GARCÍA. *Ob. cit.*, pág. 154, n.º 44.

(109) Madrid, 23 de diciembre de 1564.

A. M. Va. *Loc. cit.* AGAPITO GARCÍA. *Ob. cit.* pág. 149, n.º 31.

taron a pesar de las circunstancias adversas por que atravesaba la villa.

Una de ellas fue la llegada a Valladolid el 2 de mayo de 1565 de doña Isabel de Valois, tercera esposa de Felipe II, cuando iba a Francia a entrevistarse con su madre y su hermano el rey Carlos IX en Bayona (110), en cuyo recibimiento y estancia, incluídos festejos, arcos triunfales y gastos accesorios, la villa consumió 3.363.064 maravedís de los cuales hubo de buscar en préstamo casi la mitad: 1.460.475. Previas gestiones que comenzaron en julio de 1565 y autorización real que se otorgó en 8 de septiembre del mismo año, y a fin de devolverla a los prestatarios, esta importante cantidad se tomó de la caja de la sisa en concepto de empréstito con la obligación de devolverla a ella para su empleo en aquello a que estaba destinada (111). La devolución se alargaba y en 3 y 19 de abril del siguiente año 1566, se despachaban otras tantas cédulas al licenciado Zapata, a la sazón Juez de la traza, para que enviase relación de los gastos que se habían hecho en aquel recibimiento y cursándole instrucciones para el pago de la cantidad al fondo de la sisa (112).

Otra fue el cuidado que Valladolid puso en tomar medidas preventivas contra la propagación de la peste que en 1565 se desarrolló en Burgos y su comarca, entre las cuales destacaron el reparo de la cerca y tapia y establecimiento de guardas que vigilasen la entrada de forasteros. En ello se gastó buena cantidad de dineros y después de un

---

(110) JENARO ALENDA Y MIRA. *Relaciones de solemnidades y fiestas públicas de España*. Madrid, 1903. Consigna dos noticias sobre la estancia en Valladolid. Pág. 64, n.º 211 y 212.

JOSÉ MARTÍ Y MANSÓ. *Estudios histórico-relativos principalmente a Valladolid*. Valladolid, 1901, pág. 423 a 427.

(111) Cédula real fecha en el Bosque de Segovia. Original en el A. M. Va. leg. ant. 6, n.º 2.

AGAPITO GARCÍA. *Ob. cit.*, pág. 152, n.º 38.

(112) A. H. N. *Códices:* n.º 49, hojas 70 y 71.

informe del licenciado Vargas, según él cual no había por entonces «de qué mejor se podrá pagar» el Rey autorizó en 9 de noviembre del año expresado (113) que se pagasen del fondo de la sisa 458.000 maravedís, creemos que sin obligación de retorno.

Junto a estas ocasiones excepcionales en que la recaudación de la sisa para la reedificación se utilizó temporal o definitivamente para otras atenciones, se ofrecieron otras en que de modo rotundo se impidió su empleo en gastos ajenos a su finalidad.

Ejemplo fue la prohibición a Pedro Romero, juez comisionado de la Contaduría Mayor de Hacienda (114) que quiso ejecutar cierta deuda del Ayuntamiento en el efectivo procedente de la sisa, y eso que la deuda correspondía a ciertos suelos que se habían tomado a Francisco y Antonio de Castro «para la Plaça y casas de Consistorio que se edifican en ella», prohibición basada en la reserva de los negocios relacionados con la reedificación al Juez de la misma, que en este momento era el licenciado Velázquez.

---

(113) Cédula real fecha en Madrid a 9 de noviembre de 1565. Original en A. M. Va. Leg. ant. 6, n.º 2.
AGAPITO GARCÍA: Ob. cit., pág. 153, n.º 41.
(114) Cédula real, fecha en Madrid a 9 de julio de 1567. Original en A. M. Va. Leg. ant. 6, n.º 2.
AGAPITO GARCÍA. Ob. cit., pág. 156, n.º 50.

OTROS INGRESOS

Lotería.

En el intervalo de los años en que estuvo vigente la sisa, el Ayuntamiento queriendo reforzar sus ingresos y patrimonio con que reedificar la población obtuvo otras muestras del favor real cuyo conocimiento ofrece hoy el mayor interés.

Nos referimos a la petición que en virtud de estudios previos iniciados en 1564 (115) y por acuerdo del Concejo, dirigió a Felipe II para que autorizase una lotería, la más antigua conocida y documentada hoy, con premios por valor de 105.000 ducados nominales, consistentes en rentas de por vida, juros y preseas de oro y plata y que en efecto, fue autorizada por carta real dada en Madrid el 6 de octubre de 1567 (116).

La verdad es que la iniciativa surgió en la Corte. Así se deduce del acta de la sesión del viernes 20 de octubre de 1564 en la cual, habiendo sido convocados previamente a regimiento pleno los regidores que estaban en la villa, el corregidor don Pedro de Cárdenas dio cuenta al Ayuntamiento que el doctor Martín de Velasco les había dicho a él y a otros regidores presentes, que S. M. tenía voluntad

(115) A. M. Va. Libro de acuerdos n.º 8 (1561-68). Fol. 446.
(116) A. G. S. *Registro general del sello:* X-1567.
A. H. N. *Códices:* n.º 49, hojas 73 a 76.

de hacer alguna merced a esta villa, para la reedificación de lo destruído en el incendio y «para se poder desempeñar de los suelos que tomo para ensanchar la plaza y calles para que se alze la sisa que corre para este efeto».

Que habiendo tratado sobre algunos medios conducentes a tal fin, había parecido que el más breve, de donde se podía sacar más cantidad con más facilidad y con menor perjuicio para los vecinos, era dar facultad para que la villa echase ciertas suertes y que todo lo que se sacase de ganancia de las joyas y preseas que se otorgasen por premios se aplicase a las obras de la traza y reedificación y beneficio de quitar la sisa.

Y además de esto, el Rey, haría la merced de poner un cuento de renta de juros de por vida o al quitar o perpetuo en cabeza de la villa, la cual lo asegurase para echar en suertes y obtenido «el valor del principal del dicho quento de rrenta para Su M^t. cuyo es», de la ganancia que en ello hubiere hará merced a la villa «de parte d'ello qual fuere servido».

Los regidores después de haber tratado sobre ello reconocieron que era mucha merced la que Su Majestad hacía a la villa por la cual le besaban la mano y acordaron que Hernán de Figueroa, que estaba nombrado para ir a la Corte, llevase comisión para tratar con los Señores del Consejo acerca de la orden que había de haber para poner en efecto dichas suertes, de tal manera que la villa recibiese el mayor aprovechamiento posible y que el citado Figueroa juntamente con Antonio de Alcaraz, Baltasar de Paredes y Jerónimo de la Bastida, todos regidores, hablasen con el doctor Velasco y concretasen lo que el Concejo había de hacer para el mismo efecto.

El acuerdo en su última parte no tuvo efectividad inmediatamente y ha de llegarse hasta 18 de mayo de 1565 para que se renueve, siendo entonces los comisionados Figueroa, Juan de la Haya, Jerónimo de la Bastida y Juan de Miranda los cuales debían hacer propuesta sobre aquel negocio (117).

No sabemos qué modificaciones pudo sufrir el proyecto especialmente en cuanto se refiere al ofrecimiento de juros por parte del Rey y su recaudación en beneficio de la Hacienda real, que en aquellas circunstancias, hubiera sido la más beneficiada, porque tales extremos si se mantuvieron, no llegaron a figurar en los documentos oficiales.

La noticia y documento original de concesión se dieron a conocer al Ayuntamiento en sesión del miércoles 15 del mismo mes y como no podía ser menos se tomaron los primeros acuerdos sobre el asunto. Que se escribiese a los doctores Velasco y Gasca, del Consejo y Cámara de Su Majestad, tan conocedores de los problemas vollisoletanos, dándoles las gracias por la merced que habían hecho a la villa «en el conceder de las suertes» y que una comisión integrada por el corregidor D. Luis Osorio y los regidores Alonso de Verdesoto y Jerónimo de la Bastida estudiasen y propusieran al Concejo la organización de la lotería (118).

Por enfermedad del Corregidor se retrasaron algunos acuerdos, no el nombramiento de Comisario general y Tesorero de las suertes, que recayó por unanimidad en el regidor Francisco de Paredes (119), hasta que el 14 de noviembre siguiente la comisión dio su informe y propuesta.

En primer lugar el Ayuntamiento se preocupó de la propaganda y así, aparte las cartas y mandamientos enviados a aquellas poblaciones en que se había de efectuar la venta de las papeletas, mandó imprimir en las prensas de Bernardino de Santo Domingo seis mil ejemplares de la pro-

---

(117) A. M. Va. Libro de acuerdos n.º 8 (1561-1568).
(118) A. M. Va. Loc. cit. Sesión del 15 de octubre de 1567.
(119) A. M. Va. Loc. cit. Sesión del miércoles 22 de octubre de 1567.

visión «a la letra» y otros diez mil de un cartel o prospecto con el *"Sumario de lo que se contiene en las suertes que la Magestad Real del Rey don Philippe nuestro Señor a echo de merced a la muy noble villa de Valladolid"* (120). Estos impresos se estaban haciendo el día que la comisión informaba aunque la cédula real que concedió licencia para la impresión, fechada en Madrid el 11 del mismo noviembre, no fue presentada al Concejo hasta el día 24 (121).

Propuso además dicha comisión que se preparase un arca especial para guardar el producto de la venta de suertes; que se hiciese un libro en el que se copiasen la carta real de autorización y los acuerdos municipales subsiguientes para que hubiese constancia de cómo se cumplía aquélla; que se comprase «alguna cantidad de piezas de plata ricas» para poner un aparador en lugar muy público como la plaza Mayor o la plaza de la Costanilla (hoy Ochavo) adonde más y mejor comodidad de casa hubiese para este efecto; que el tesorero se hiciese cargo de todo ello; y que se nombrase una comisión para lo referente a la publicación y ejecución de lo acordado y para la compra de la plata.

El Ayuntamiento aprobó toda la propuesta y confirmando como comisionados a los ponentes, unió a ellos a Fernando de Paredes y Fernando López de Calatayud.

En las condiciones de la lotería es de notar, en primer lugar, el largo plazo con que se anuncia, pues lo que pudiera llamarse hoy venta de billetes tendría lugar desde el mismo día en que se hizo público y fue tan pronto como se recibió la autorización (1567) hasta el día de Nuestra Señora de Agosto (el 15) de 1568, es decir, un año bien corrido ya que el sorteo y adjudicación de los premios sería

---

(120) Mariano Alcocer y Martínez. *Catálogo razonado de obras impresas en Valladolid*. 1481-1800. Valladolid, 1926. No consigna ninguno de los dos impresos.

(121) A. M. Va. Libro de acuerdos n.º 8 (1561-1568).

el día de San Miguel (29 de septiembre) del indicado año 1568.

El precio de cada suerte o billete sería el de cinco reales de plata castellanos que valían 170 maravedís a razón de 34 maravedís cada real y las que se suscribiesen se anotarían en los registros abiertos en cada población donde se hubiese anunciado la lotería, exigiéndose aquel plazo del 15 de agosto al 29 de septiembre para efectuar «el tanteo» y ver «si está lleno el número principal de las dichas suertes».

Los 105.000 ducados de premios se repartirían del siguiente modo:

Primer premio: 1.000 ducados de renta de por vida, que calculados a 8.000 el millar, suponían un capital de 8.000 ducados cuya renta anual equivalía al 12,5 por 100 .... 8.000

Dos aproximaciones para las personas cuyos nombres saliesen antes y después de la que obtuviese el primer premio, consistentes cada una en 30 ducados de juro de por vida, que al mismo porcentaje valían 480

Segundo premio. 500 ducados de renta de por vida, que valían un capital de 4.000

Dos aproximaciones, de 15 ducados de juro de por vida, que valían 240

Tercer premio. 250 ducados de renta de por vida, que valían un capital de 2.000

Dos aproximaciones, de 10 ducados de juro de por vida 160

Cuarto premio. 150 ducados de renta, que valían. 1.200

Dos aproximaciones de 50 ducados cada una, en joyas de oro o plata, en una vez 100

Quinto premio. 100 ducados de juro, que valían ... 800

Dos aproximaciones de 40 ducados, en joyas de oro o plata, en una vez 80

70 premios de 50 ducados de juro de por vida que
    valían 3.500 ducados de renta, a 8.000 el millar.   28.000

60 premios de 40 ducados, igual a 2.400 ducados de
    renta, que valían un capital de 19.200

60 premios de 30 ducados igual a 1.800 ducados de
    de renta cuyo capital era 14.400

10 premios de 300 ducados, de una vez, en joyas
    de oro o plata 3.000

20 premios de 200 ducados, de una vez, en joyas de
    oro o plata 4.000

20 premios de 100 ducados, de una vez, en joyas ...   2.000

143 premios de 70 ducados en joyas «que balen nue-
    be mill y seiscientos e sesenta ducados» (122).   9.660

1 premio de 30 ducados de juro de por vida a la
    persona que primeramente «saliere en blanco»
    o sea sin premio «al tiempo de echar las suer-
    tes», que valían a 8.000 el millar   240

1 premio de 30 ducados de juro de por vida a la
    persona cuyo nombre saliere el último en las
    suertes, tanto si sale con premio como si no,
    que valían   240

    Se señalaban otras cantidades fuera del sorteo, para
estimular la venta de boletos, las cuales se denominaban
«precio y prometido» en la siguiente forma:

A la persona que «por carta cerrada echare más
    suertes en esta lotería», 350 ducados de juro
    de por vida, que suponían un capital de 2.800

A la segunda persona que echare más suertes, 250
    ducados de juro de por vida, que valían 2.000

A la tercera persona, 125 ducados de juros que va-
    lían 1.000

---

(122) Tanto en el registro del Archivo de Simancas como en la
copia del A. H. N. figuran solamente 9.660 ducados, cantidad que es el
importe de 138 premios y no de los 143 anunciados, los cuales valdrían
10.010 ducados.

A la cuarta persona, 100 ducados de juros, que va-
lían   800
Al comisario de la lotería en una ciudad o villa,
que vendiere más suertes en su demarcación
(además del salario correspondiente) 250 ducados de una vez, en joyas de oro o plata   250
Al segundo que más vendiere, en la misma forma.   200
Al tercero que más vendiere, en la misma forma.   100
Al cuarto que más vendiere, en la misma forma.   50

                                              105.000

El total exacto de premios anunciados según los documentos examinados y el *Sumario* mencionado es de 400
y además 8 prometidos, y su importe, salvo el error con-
signado en la última nota antes de estas líneas asciende a
105.000 ducados.

El proyecto, a distancia de siglos con la experiencia
moderna del funcionamiento y recaudación de estos ingresos *extraordinarios* *puede* *parecer* magnífico; pero es
preciso considerar que los medios de difusión y anuncio
de la lotería fueron rudimentarios, que la organización
exigía el nombramiento de dos representantes y un secretario con sus sueldos y comisiones (123) en cada población donde se admitiese la suscripción de billetes o suertes,
que naturalmente habría que vender un determinado número de éstos que hiciese rentable el proyecto y, por último, las posibilidades de adquisición de los mismos en
atención a la posible afición de los presuntos compradores
y circunstancias económicas particulares y generales del
reino en los años en que se anunció la lotería.

---

(123) Por cédula de 4 de febrero de 1568 se destinó a estas gra-
tificaciones el 3,5 por 100 de lo que importaron las suertes vendidas,
repartido entre el Comisario local de las suertes, el 2 por 100, y el
regidor y escribano de las mismas, el 1,5 por 100 restante (A. H. N.
Códices, n.º 49, fol. 76).

El desorden de las ferias de Castilla que atenazaba al comercio se había iniciado en la década del año en que fue autorizada la lotería. El mismo año 1567 que fue tan funesto en el aspecto financiero-mercantil para Villalón y Rioseco, fue el año de las quiebras de Sevilla. El siguiente 1568 fue el de las grandes quiebras de Burgos, consecuencia de las de Sevilla y sin duda de la decadencia del comercio de Flandes. En 1569 continuaron los fracasos económicos destacando las quiebras de Toledo. Los pagos aceptados para mayo de 1568 y 1569 se retrasaron por orden del Rey hasta octubre de 1569 y en esta feria se hizo pública la quiebra de uno de los principales personajes de Burgos, el hijo del difunto D. Diego de Bernuy, quien al parecer debía 160.000 ducados más otros 70.000 de censos sobre los bienes de su mayorazgo, es decir 86.250.000 maravedís. El desorden económico fue tal que se impuso un remedio: la reforma de las ferias, remedio que no llegó hasta 1578 después de tres años de interrupción de éstas (124).

El caso es que después de algunas dificultades tales como la renuncia irrevocable del tesorero electo que hubo de ser sustituido por Miguel Oniesa y Oliva, a quien se asignó un salario de 4.000 maravedís (125) y de regular la colaboración obligatoria de los regidores en turnos de un mes, de compradas las piezas de plata a Bernardino Muñoz y Pedro Quevedo por importe de 600 ducados (225.000 maravedís) (126) y de recaudada cierta cantidad de dinero, la lotería quedó como en suspenso, «se presume que por no se

---

(124) HENRI LAPEYRE. *Une famille de marchands: Les Ruiz*. París, 1955, págs. 481-491.

(125) A. M. Va. Libro de acuerdos n.º (1561-69). Sesión de 17 de diciembre de 1567.

(126) En las cuentas han de figurar 493.860 maravedís lo cual hace suponer la adquisición de más piezas o que la cantidad arriba indicada era parte del importe total.

poder juntar la cantidad que se esperaba y ansí redunda-
ban las dichas suertes antes en daño que provecho» de
Valladolid.

En esta situación se llegó al 2 de junio de 1579 en
que por una provisión del Consejo Real, refrendada del
secretario Pedro Zapata del Mármol, se ordenó al licenciado Armenteras, corregidor a la sazón de Valladolid,
para que hiciese información de lo sucedido en este asunto
e informase al Rey. El Corregidor tomó cuentas a la villa
y al tesorero-comisario que había sido de dichas suertes.

Tiempo después, en 1581, Gutierre Campuzano procurador que se decía «de estos reinos» obtuvo otra provisión real por la que se mandaba al Concejo de Valladolid
que devolviese los dineros cobrados o recibidos para las
suertes o enviase relación y cuenta de ingresos y gastos
habidos en este negocio y así se hizo cumpliendo el segundo de los mandatos.

Se había recaudado, según dicha cuenta, 1.410.490
maravedís en esta manera: 677.110 maravedís de los vecinos expresados en el libro de dichas suertes de Valladolid; 680.000, de los vecinos de Madrid; 53.040 maravedís
de Medina del Campo y 10 reales (340 maravedís) de Alcalá
de Henares.

En descargo de estas cantidades, el comisario Oliva
justificó haber devuelto en virtud de provisiones reales
113.393 maravedís a D. Antonio de Zúñiga; 28.000 a Pedro
Alonso, platero; 39.000 a Jerónimo Gandiano; y 113.467
que se pagaron al dicho D. Antonio de Zúñiga por la
redención de un censo que Valladolid le debía por un
suelo que se la había tomado «para el hornato de esta
çiudad», a los que se sumaban 200.000 maravedís que se
gastaron por menudo de costas o gastos de organización
y el resto hasta el total de recaudación en 32 piezas de

plata blanca y dorada que se compraron para premios, en total 493.860 maravedís.

Sumado el debe y el haber, el comisario Oliva ««alcanzó» a las suertes en 184.999 maravedís, pero se le hacia cargo de 346 marcos, 1 onza y 6 y medio ochavos de plata comprada.

Justificado de este modo, el Ayuntamiento hizo también una petición al Consejo Real. Que las cantidades que hubiesen sido percibidas y no remitidas al comisario de la lotería se devolviesen a quienes los abonaron en las respectivas poblaciones, y así se dispuso por provisión dada en Madrid el 15 de abril del mismo año 1581 (128). Todavía se firma otra cédula el día 24, encomendado al Presidente y Oidores de la Real Audiencia todo el asunto de los maravedís recibidos para que ellos resolviesen lo más conveniente (129).

Aquellas treinta y dos piezas de plata sobrante, estaban «muy maltratadas y tomadas del tiempo que avian estado en el aparador, al ayre y al agua», por lo que se consideraba que habían perdido parte del valor de compra, pero a pesar de todo rodaron por dependencias del Ayuntamiento hasta que en 7 de octubre de 1587 se depositaron en el convento de San Benito, debidamente inventariadas y pesadas, (ahora solo pesaron 341 marcos, 5 onzas y 1 ochava) con intervención de Juan Bravo, escribano del Ayuntamiento y en presencia de los regidores Gonzalo de Portillo y Pedro Vázquez de Salazar.

Pasaron más días y más años. La lotería estaba en suspenso. Los fondos en efectivo se habían justificado y en el arca del depósito de San Benito permanecía aquella cantidad de objetos de plata, al parecer olvidados y sin utilidad inmediata.

---

(128) A. R. Ch. *Cédulas:* Leg. 2, n.º 70.
(129) A. R. Ch. *Cédulas:* Leg. 3, n.º 42.

La Iglesia Colegial, como consecuencia de un largo proceso de aspiraciones y gestiones que se inició en el reinado de los Reyes Católicos y cristalizó en el de su biznieto Felipe II, había sido elevada a Catedral (130) y las bulas de erección (25 de septiembre de 1595), suponían un gasto considerable para las escasas disponibilidades del Cabildo. Alguien se acordó de aquella plata depositada en San Benito y acudió a Felipe II pidiéndole se emplease en aquella buena obra.

Pero el Rey, o tal vez los consejeros de su Consejo de la Cámara, o tal vez el secretario Francisco González de Heredia, despachan una cédula real firmada con estampilla en Madrid a 5 de enero de 1596, para que el Presidente de la Audiencia informase sobre todo y de modo especial, si en caso de que se tomase aquel depósito se produciría daño, a quién y por qué causa y de qué consideración.

Y el Presidente, licenciado Junco de Posada, se informa con detenimiento, requiere a su vez el parecer del dominico fray Diego Nuño, del Colegio de San Gregorio, que lo da por escrito, y contesta al Rey que no se debe tomar dicha plata «pues no se debe hazer mal aunque de hazerse se sigan muchos bienes pues tomándose a todos los que dieron aquellos dineros se les sigue daño, que son personas conoçidas y estan espresadas y nonbradas y especificadas en los libros de las dichas suertes» y si se lleva a efecto el sorteo podría tocarles algunas de las piezas de que se trata al tiempo que la ciudad se libra de aquella propiedad retenida contra la voluntad de sus due-

---

(130) MANUEL DE CASTRO ALONSO. *Episcopologio vallisoletano.* Valladolid, 1904. Pág. 121.

DEMETRIO MANSILLA. *La reorganización eclesiástica española del siglo* XVI. Roma. Instituto Español de Estudios Eclesiásticos, 1957. Páginas 109-141.

ños y del mal nombre y opinión «que esta republica tiene de que a usurpado y usurpa esta hacienda agena» siendo notoria verdad. Termina diciendo el Presidente «que esta ciudad ni su Ayuntamiento ni alguna persona d'ella no an metido mano en maravedis algunos d'estas suertes ante... an puesto en ellas algunas sumas no pequeñas».

El escrito del Presidente es de fecha 24 de enero, quince días después de recibida la cédula real pidiendo el informe. Hasta el 13 de noviembre siguiente no se resolvió en la Corte. Ahora, por otra cédula firmada de mano del Rey, en El Campillo, se manda de conformidad con la propuesta de aquél: 1.º Que no se tome la plata para el pago de las bulas antes citadas, y 2.º «Que se hechen luegos las dichas suertes sin que se difiera más y que esto se acabe como es justo» encargándose al Presidente que lo resolviera como estimase conveniente.

Por cierto que la cédula real llegó acompañada de una carta particular del secretario González de Heredia solicitando aviso del recibo, en la que le confiaba que él creía haber suscrito algunos boletos de las suertes «no sé quantos años ha» y que «no seria malo salir a quenta con algo» y esperaba que el Presidente acabase pronta y justamente el asunto.

Recibida la cédula el 19, este mismo día fue notificada al corregidor García López de Chaves, quien la pidió prestada para mostrarla al Ayuntamiento y devolverla a continuación (131).

Efectivamente en sesiones de 22, 27 y 29 de noviembre y en la de 2 de diciembre se trató el asunto, acordándose en la última comisionar al Corregidor y a los regidores Diego Mudarra y don Pedro de Miranda para que viesen la plata que se compró para premios y ordenasen el modo de

---

(131) A. R. Ch. *Cédulas:* Leg. 2, n.º 86.

hacer el sorteo y en dónde y que lo que ellos acordasen se ejecutase como S. M. lo mandaba en la cédula dirigida al Presidente de la Audiencia y que se suplicase a éste mandase darles un traslado del documento para unirlo a los demás autos.

Supongamos, y así lo suponemos, que el sorteo se llevó a efecto terminando así al cabo de treinta años, un negocio emprendido con excesivas y aventuradas esperanzas de éxito, trocadas bien pronto en rotundo fracaso.

Empréstitos.

El fracaso de la lotería obligó al Ayuntamiento vallisoletano, apenas presumido y comprobado aquél, a buscar otro camino para solucionar en lo posible sus agobios económicos.

En efecto, el 24 de agosto de 1570, el Concejo obtenía una cédula real fechada en Madrid por la cual se le concedía licencia para tomar a censo o sea a préstamo, 4.000 ducados (1.500.000 maravedís), licencia condicionada a que el capital del millar de réditos no excediese de 20.000 maravedís ni bajase de 14.000; es decir, a un interés comprendido entre el 5 y el 7,14 por 100, debiendo recordarse lo que ya hemos dicho antes, que la renta normal y ordinaria de los juros reales durante todo el siglo xvi estaba basada en la proporción de 14.000 el millar.

Aquel dinero había de destinarse a edificar siete u ocho casas en la Plaza Mayor, «a lo menos las delanteras d'ellas, que son las tres donde solía ser la calle de Xerez y otras dos de Bracamonte de León y otras tres en el testero de la dicha plaça de Sant Francisco», pues por no tener los respectivos dueños posibilidad de hacerlo, le fue forzoso a la villa realizar la obra por su cuenta (132).

----

(132) A. H. N. *Códices:* n.º 49, hoja 83.

Como era lógico, el mismo día de la cédula real citada, se expedía otra al licenciado Jiménez Ortiz, Juez de la re-edificación notificándoselo para que en la forma acostumbrada se tomase la cuenta del dinero percibido y del gastado (133).

En este relato de procedimientos y cantidades se ha presentado el cañamazo económico en que se basó el renacer de una ciudad moderna sobre las cenizas de una villa medieval que se desmoronaba. No puede olvidarse la urdimbre de esta trama, quiero decir el trasiego de dinero en efectivo o en censos que el Ayuntamiento pagó y cobró por los solares que expropió para apertura y ensanche de calles o construcción de edificos públicos y alternativamente por los suelos que la nueva alineación producía.

Tampoco puede olvidarse el movimiento económico ordinario del Ayuntamiento en el que constantemente figuraban el pago del impuesto o rentas reales, las atenciones de policía urbana, limpieza, empedrado, recalce del cauce y puentes del Esgueva, repoblación y conservación de los montes concejiles, fiestas y regocijos públicos, amén de los salarios y otros gastos de personal.

La recopilación de datos tocantes a la haciendo municipal de indudable interés, sobrepasa excesivamente los límites de este trabajo, pero en lo expuesto e indicado se atisba la importancia de su estudio que por otra parte ofrece muchas dificultades por no haberse conservado el archivo metódico de las cuentas dadas por los mayordomos y regidores comisarios.

---

(133) A. H. N. *Códices:* n.º 49, hoja 83 v.º

LA REEDIFICACION. REALIDADES

Puede asegurarse que después de aquellas gestiones y proyectos, las realidades cristalizan desde mediados de 1562 en adelante y la reedificación va a durar hasta finales del siglo, naturalmente con sus altibajos inevitables y sus incidencias que dan a pensar si con el deseo de la rapidez se descuidó algunas veces la vigilancia técnica de la construcción.

En los primeros años de esta etapa se nota la preocupación por fijar normas y criterios sobre la forma y estilo de las edificaciones, normas que unas veces son dadas por los Comisarios reales y otras son propuestas por el propio Ayuntamiento.

No vamos a seguir paso a paso estos treinta y cinco años de la vida municipal vallisoletana. De todos los hechos recordaremos algunos que, como hitos, señalen las directrices observadas en tan magna obra.

En agosto de 1562, Menchaca y Velasco, dos de los consejeros que habían despachado los asuntos de la reedificación, van a llegar a Valladolid, creemos que enviados expresamente a la villa para conocer el negocio sobre el terreno y por vista de ojos, con frase de la época. El Rey lo anuncia al Concejo por una cédula fecha en el Bosque de Segovia el día 18 de dicho mes, por la cual manda además que aprovechando su estancia en la población, inspeccic-

nasen las trazas y proyectos de reedificación así como lo
ya reconstruído (134).

Aunque ya se habían realizado algunas construcciones
por mandado de la villa, encima de la Panadería nueva
(135) y se había conferido una comisión al corregidor don
Luis Osorio y a los regidores de obras Francisco de Lerma
y Juan de la Haya (136) para que tratasen con los que quisieren edificar en los sitios quemados, tanto vecinos de la
Costanilla y Cantarranas como de otros lugares, y se había
acordado que para que las tasaciones de expropiaciones se
hiciesen jurídicamente, se citase siempre a aquellos actos
al dueño y señor de las casas y al señor del directo dominio
y propiedad de ellas, levantándose de cada tasación el auto
correspondiente que había de incorporarse al proceso de
la traza (137), la llegada de Menchaca y Velasco tuvo repercusiones beneficiosas pues a partir de estos días parece
intensificarse las actividades municipal y privada sobre la
reedificación.

En septiembre se autoriza la obra de las casas de los
Corrillos y sitio de Morillo y se nombran tasadores para
los terrenos que se aumentaban en los solares agregados
a los de los vecinos damnificados (138).

El día 1.º de octubre los comisionados Menchaca y Velasco antes de ausentarse de la población firmaron unas
ordenanzas sobre lo tocante a la reedificación, que com-

---

(134) A. M. Va. Leg. ant. 2, n.º 6.

AGAPITO GARCIA. *Ob. cit.*, pág. 130, n.º 7.

(135) En 6 de julio de 1562 el Ayuntamiento acordó librar 63.246
maravedís gastados desde 1.º de enero a fines de junio en dichas casas,
en carpintería y herraje o sea, puertas, ventanas, cerrojos, cerraduras,
llaves y aldabas. A. M. Va. Libro de acuerdos n.º 8, fol. 226.

(136) A. M. Va. Libro de acuerdos n.º 8, fol. 224. Sesión de 2 de
julio de 1562.

(137) *Loc. cit.*, fol. 229. Sesión de 16 de julio de 1562.

(138) *Loc. cit.*, fol. 257 v.º y 258.

prenden veintisiete cuestiones o artículos no numerados, cuya materia, según cierto orden, es la siguiente.

Como cuestiones generales, dispusieron que inmediatamente se comenzase el descombro y limpieza de solares y calles, sacando la tierra de ellos a costa de la villa (cap. 7); que las casas y tiendas provisionales hechas en la Plaza Mayor para albergar a los vecinos de la Plaza y de la Rinconada, se derribasen pasado un año a contar de este octubre de 62, o antes si conviniere para hacer los edificios de la traza (cap. 20); que la acera quemada del Corral de la Copera se rehiciese como antes estaba salvo que los edificios tuviesen la altura de las demás casas (cap. 22); que las casas que estaba labrando, como ya se ha dicho, un Juan López en el Azoguejo, y las demás que se quisieren levantar en dicho lugar y en Cantarranas, se retrajesen adentro lo que el Corregidor y regidores comisarios dispusieren, previa tasación y abono de los solares expropiados en la forma prevista (cap. 23); y que se expropiase la casa sita en el corral del Abad, a la entrada de la calle de la Carnicería, que era de directo dominio del Abad y la propiedad de cinco vidas de Buiza, vecino de Ríoseco (cap. 21).

En relación con la construcción propiamente dicha y su subvención, se faculta al Corregidor o su teniente juntamente con dos regidores para que favoreciesen la provisión de teja, ladrillo, cal y yeso (cap. 9); se ofrece a los que edificasen sus casas dentro de año y medio, corriente desde marzo de 1563 (o sea hasta agosto de 1564), la portadas de piedra que habían de tener, puestas a pie de obra y a costa de la villa y proporcionalmente a los que labrasen dentro de dos años, 20 ducados, y si dentro de tres años, la mitad del coste de la portada, entendiendo que para obtener tales beneficios, era necesario que la casa hubiese tomado aguas y tuviese terminada la fachada con puertas y ventanas (capítulo 13).

Sobre distribución de oficios y edificios, dispusieron que si en el sitio de Juan de Morillo no cupiesen tantas casas como había, se tomase la casa o casas que con menor daño se pudiera expropiar, previa tasación (cap. 19); que los vecinos de las veinte casas que faltaban en la nueva traza en los corrillos de Joyeros y Roperos, se pasasen a la calle que se aumentaba en la Panadería, dándolas a los vecinos de aquéllas a censo perpetuo previo ajuste y liquidación de sus casas y censos anteriores (cap. 14); y a los restantes vecinos de las calles de Joyeros y Roperos, de la Lencería y sitio de Juan de Morillo se les diese a cada uno un solar según y por la forma que antes estaba (cap. 15). Y finalmente, que ningún oficio de los que estaban antes del incendio en los corrillos mudasen las tiendas a otros lugares (cap. 18).

En el aspecto económico tomaron también algunas providencias tales como que se pagase a los vecinos de Cantarranas cuyas casas quemadas ya estaban tasadas, a fin de que pudiesen comenzar la reedificación (cap. 24); que los mismos tasadores de los suelos que se tomaban a particulares, tasasen lo que se les acrecentaba y añadía (caps. 10 y 11); que los censos creados o que se creasen para pagar las expropiaciones a los damnificados les fuesen abonados desde principio de 1562 en atención a que desde entonces pudieron comenzar a reedificar si no se les hubiere impedido (cap. 6); que la plus valía que adquiriesen las casas mejoradas por la nueva traza quedase sin abonar hasta que más adelante resolviesen los propios jueces de la reedificación (cap 16) y por último que para evitar la depreciación de solares antiguos de particulares, mientras éstos construían, se suspendiese provisionalmente la edificación en los solares nuevamente formados por la villa según el nuevo trazado de calles (cap. 12).

Menchaca y Velasco volvieron a Madrid e informaron a

Felipe II y éste, conforme con toda su actuación, quiso ratificarla, despachando el día 22 de noviembre un conjunto de cédulas sobre los mismos puntos enumerados y alguno nuevo que posiblemente expusieron de palabra.

Tales son la que dispone que los lugares de la comarca de Valladolid dejasen sacar la piedra necesaria de las canteras en términos concejiles, a las personas que se habían comprometido a edificar las casas del consistorio y otras, dejándoles carretas que pudiesen transportar la piedra sin ponerles ningún inconveniente (139); la que manda al Corregidor de Valladolid y comisarios de la reedificación proveyesen que en la villa y seis leguas a la redonda se estableciese marco para el ladrillo y teja y medida en la cal y yeso para que no hubiese fraude en dichos materiales, dándoles facultad para que aun fuera del término de la villa, pero dentro de las seis leguas, pudiesen proveer lo necesario (140); que todas las casas destruidas de Cantarranas se reedificasen conforme a la traza y montea establecidas (141); que las casas que Juan López edificaba en el Azoguejo y cualesquier otras que se construyesen en él y en Cantarranas, se hiciesen más adentro de la línea antigua por la orden y forma que pareciere al Corregidor y regidores-comisarios (142); que las casas que se hicieren en la calle de nuevo trazado «junto al Corrillo» se considerasen como las de este lugar y gozasen de las mismas franquicias y preheminencias que ellas (143).

(139) A. M. Va. Leg. ant. 2, n.º 6.
AGAPITO GARCÍA. Ob. cit., pág. 132, n.º 8.
(140) A. M. Va. Leg. ant. 2, n.º 6.
AGAPITO GARCÍA. Ob. cit., pág. 132, n.º 10.
(141) A. M. Va. Leg. ant. 2, n.º 6.
AGAPITO GARCÍA. Ob. cit., pág. 133, n.º 11.
(142) A. M. Va. Leg. ant. 2, n.º 6.
AGAPITO GARCÍA. Ob. cit., pág. 132, n.º 9.
(143) A. M. Va. Leg. ant. 2, n.º 6.
A. G. S. Cámara de Castilla: libro 132, fol. 488.
AGAPITO GARCÍA. Ob. cit., pág. 132, n.º 12.

Después de las instrucciones comentadas, el Ayuntamiento sigue desarrollando su labor, se designa al mayordomo de obras, Juan de la Moneda, tasador, para lo que se aumenta a Francisco de Benavente y a los demás lenceros, joyeros y roperos lo que nos permite suponer que las obras aumentaban en la calle de la Lencería y en los antes citados Corrillos, tasador que al mismo tiempo lo sería del terreno expropiado a Juan López de las casas que labraba, según queda dicho, en el Azoguejo (144).

Días después se toma un acuerdo de gran trancendencia: Que se edifiquen a costa de la villa las casas desde el cantón nuevo o esquina de la acera de San Francisco que mira a la Plaza (la actual esquina de Santiago) «hasta el canton que responde a las casas del canton de la Lençeria» para los cimientos de cuya obra, realizada por administración, había de aprovecharse toda la piedra que se hallare en los del antiguo consistorio y en las casas de la Panadería vieja (145).

La reedificación prosigue por las calles de la Espadería y Frenería (actual Fuente Dorada, desde Teresa Gil a Cánovas del Castillo) cuyos vecinos se quejan al Ayuntamiento en febrero de 1563, del perjuicio que experimentaban «por haondarse mucho las calles y quedar las casas muy altas», dando lugar al nombramiento de una comisión de regidores asesorada por los maestros Juan de Escalante y Juan de la Vega para que viesen la traza en lo tocante a las calles de la Cerería, acera de San Francisco y Plaza Mayor y comprobasen por qué orden «Francisco de Salamanca traza el nivel» (146).

Jerónimo de la Bastida que había ido a Madrid a dar

---

(144) *Loc. cit.* Fol. 260. Sesión del 7 de octubre.
(145) *Loc. cit.* Fol. 263. Sesión del 19 de octubre.
(146) A. M. Va. Libro de acuerdos n.º 8, fol. 301. Sesiones de 27 de febrero y 2 de marzo.

cuenta del estado de la reedificación, está de regreso a finales de marzo de 1563 y participa al Ayuntamiento que la voluntad real se mantenía firme en que se cumpliese y ejecutase lo que estaba mandado sobre aquélla. Consecuentemente surge un acuerdo. El de mandar pregonar que todos los damnificados labren y edifiquen sus casas por la orden que estaba mandado por Su Majestad «sin ecederse en cosa nenguna d'ello e lo comiençen hacer desde luego» (147).

Por los mismos días se presenta en el Ayuntamiento una petición de ciertos vecinos de los Corrillos que solicitan «cierta parte de soterrano en lo publico concejil». La petición se refería a aquellas casas de la Plaza y otras calles que, conforme a la traza, se comenzaban a edificar y habían de llevar soportales y los dueños de ellas pretendían «sotanar» es decir construir sótanos en dichos soportales. El Ayuntamiento, aprovechando la venida a Valladolid de los comisarios Menchaca y Gasca, lo sometió a su consideración y por fin en 17 de abril se resolvió favorablemente concediendo licencia con algunas condiciones, entre ellas, que las luces de dichos sótanos «las hagan junto a las puertas de las casas» de acuerdo con la villa y que naturalmente, pagasen el tereno que se les daba en condiciones análogas a las reguladas por la traza (148).

La creciente inicitiva constructiva se ve completada por el comienzo de la obra del nuevo consistoria en relación con la cual se acordó el 19 del mismo abril que «el edifiçio de los çimientos» se hiciese a jornal y no a destajo y que los pedreros que entendieren en ello lo hicieren de acuerdo con los comisarios, regidores y mayordomo de obras.

---

(147) A. M. Va. Loc. cit. Fol. 321.
(148) A. M. Va. Loc. cit. Fols. 319 v.º, 322 v.º, 324 v.º y 327 v.º

Pocos días después se recibió y pregonó una cédula real fecha en los Toros de Guisando el 11 del mismo mes de abril, mandando que se guardasen las resoluciones tomadas sobre los capítulos enviados por Valladolid y presentados por Jerónimo de la Bastida, referentes a la reedificación (149) cédula que viene a ser el segundo conjunto de ordenanzas, complementario de las dictadas por Menchaca y Velasco.

Se había efectuado el descombro y limpieza de la zona siniestrada a costa de la villa hasta descubrir los empedrados de las calles y los cimientos de las casas a fin de que cada propietario reconociese su solar y se manda que el resto de la tierra acumulada en los sótanos sea sacado y transportado a costa de los dueños de las fincas (cap. 5). Se aprobó el replanteo de la Plaza Mayor conforme está «asentada y aytada» por Francisco de Salamanca no obstante que las calles salían con algún sesgo (cap. 11) y se dio autorización y comisión a la Justicia, es decir, Corregidor y regidores-comisarios para resolver las cosas menudas no previstas, debiendo enviar relación de cuanto se actuase a Su Majestad (cap. 10).

Al edificio municipal se refieren los capítulos 8 y 9 resolviendo que el Ayuntamiento enviase a la corte para su aprobación «la montea que han de llevar las casas de consistorio» y autorizando que del importe presupuesto para la obra, se pagasen 30.000 maravedís anuales a Andrés de Quintanilla, escribano, para que continuamente asistiese a la obra, tuviese libro y cuenta de los materiales recibidos así como de las horas que trabajaban maestros, oficiales y peones y demás cuidado de la obra según la instrucción que se había dado.

(149) Original en A. M. Va. Leg. ant. 2, n.º 6.
Copia registro en A. G. S. *Cámara de Castilla:* libro 141, fol. 24 v.º Publicada por AGAPITO GARCÍA. *Ob. cit.,* pág. 133, n.º 13.

Otros cinco capítulos tocan cuestiones esencialmente económicas. Tales son que a los dueños de sitios tomados en la Lencería para regularizar la Plaza Mayor y que retraían y compensaban en la Rinconada, se les pagase con estos solares y no con dinero salvo la indemnización correspondiente por la mudanza de cimientos y bodegas (cap. 1.º); que a los damnificados a quienes no se les expropiaban solares, podía dárseles alguna indemnización por el tiempo transcurrido sin poder edificar, si construían dentro de un año (cap. 2); que no corriesen los censos corespondientes a los suelos expropiados de aquellos dueños que no acudiesen a su tasación y a otorgar escrituras dentro de los sesenta días de pregonada la expropiación (cap. 4); se mandaba dar cédula autorizado la compra de algunos suelos que se vendían en los sitios quemados para con ellos y no con dinero, pagar a algunas personas a quienes se les expropiaban los suyos (cap. 7) y por último autorizando que se pagasen de la sisa los censos perpetuos que tuviesen las casas compradas para los fines acabados de decir, tasándolos según las normas dadas para los censos fundados sobre las casas expropiadas (cap. 12).

Desde fines de abril a finales de agosto de 1563 la reedificación sigue progresando normalmente, siguiendo las normas ya conocidas. El Ayuntamiento continúa formalizando censos por solares expropiados y se compran algunas casas como la de Andrés Barroso, joyero, en la acera de los joyeros, de los Corrillos, por 170.000 maravedís, pagados en un censo al quitar de 9.444 y medio maravedís anuales (150) y la de un Gutierre, sita en el cantón de la Lavandería y de los Orates (151), la primera para cumplir o ampliar sus casas a otros damnificados y para aumentar «los

---

(150) A. M. Va. Libro de acuerdos n.º 8, fol. 346.
      A. H. P. Va. *Protocolos:* n.º 448, hojas 361 a 387.
(151) A. M. Va. Libro de acuerdos n.º 8, fol. 351.

pies que faltan para la calle de los Joyeros en las espaldas de la Lencería» y la segunda para ensanchar la calle.

El edificio del Ayuntamiento va elevándose poco a poco y por una cédula real dirigida al Concejo de Segovia se le encarga diese licencia a la villa de Valladolid para sacar de los montes de Balsaín cuatrocientas vigas que desde hacía dos años, antes del incendio, tenía compradas para la reedificación de las casas de consistorio (152).

Es ahora al terminar el mes de agosto de 1563 cuando se produce la tercera serie de normas o capítulos sobre la reedificación de Valladolid, debidos al doctor Diego Gasca y completados con varios autos o mandamientos dados por él mismo en igual fecha sobre asuntos determinados, entre los cuales hay abundantes noticias nuevas sobre la urbanización de la villa (153).

Porque «conbenia para el ornato y bien publico d'esta villa» había acordado la expropiación y derribo de dos molinos sobre el Esgueva junto al puente del monasterio de San Benito previo concierto con sus dueños Santiago de San Pedro y el monasterio de San Quirce. Muy cerca, enfrente de la fuente de la Rinconada, había cuatro casas derribadas. El conjunto se urbaniza, se abre una calle junto a la margen izquierda del río y en el solar resultante se manda edificar a costa de los propios una alhóndiga donde se almacene el pan en grano que se traía a vender a la villa y lo propio de ésta (caps. 1 y 2).

Había mandado abrir otra calle «desde la Platería a Nuestra Señora del Bal e a San Benito» sin duda alguna rompiendo el fondo del corral de la Copera cuyo nombre mantuvo la calle abierta ((cap. 6); se abría una tercera

---

(152) Fecha en Madrid el 10 de agosto de 1563. A. G. S. *Cámara de Castilla*: Libro 139, fol. 61.

(153) A. M. Va. Leg. ant. 2, n.º 6.

AGAPITO GARCÍA. *Ob. cit.* pág. 179 a 191.

SVMARIO DELO QVE SE CONTIE

ne en las suertes: que la Magestad Real del Rey Don Philippe nuestro señor
a hecho de merced a la muy noble Villa de Valladolid.

A IVSTICIA Y REGIMIENTO DE LA VILLA DE VALLADOLID, QVE
es en España en el Reyno de Castilla, hazemos saber a todas las personas, ansi naturales destos Reynos, como a
los estrangeros dellos, que con licencia y facultad de la Magestad del Rey d ō Philippe nuestro Señor, echamos
vnas Suertes, de juros y rentas de por vida, y joyas y pieças de oro y plata de mucho valor en la forma y con las c ō
diciones siguientes.

Prospecto de la lotería organizada por Valladolid en 1567

Plano de Valladolid, por Ventura Seco (1738).

calle «que va desde Cantarranas a Esgueva» en lugar distinto de la antigua calleja que allí había (cap. 7) (154),
dispuso la expropiación de varias casas para regularizar la
unión de la calle de la Costanilla con Cantarranas, corral
de la Copera, Rúa Oscura y Azoguejo (155) y otra expropiación para ensanchar la calle de Orates (cap. 13).

En todos estos casos se preveía el beneficio o plus valía
que las casas vecinas adquirían y estimándolo así, el doctor Gasca mandaba que sus dueños habían de contribuir
a las correspondientes obras fijando el procedimiento y porcentaje para cada una de ellas.

Varios capítulos se refieren a temas económicos como
son la adquisición de casas para pagar otros solares expropiados y ensanchar casas angostas (cap. 5); que las expropiaciones y aumentos de suelos fuesen pagados y cobrados
por el Ayuntamiento en censos perpetuos y no en dineros
ni en censos al quitar (caps. 8 y 24), pero permitiendo que
las expropiaciones parciales de suelos pudieran pagarse con
otros solares lindantes a los de los propietarios de los primeros (156).

Reitera el doctor Gasca disposiciones anteriores mandando que los tratos y oficios estuviesen juntos en las calles que la villa tenía señaladas o señalare en lo sucesivo
y que para evitar alquileres excesivos, el Ayuntamiento tasare cada año las casas (cap. 16). Y que se mantuvieren
como hasta entonces los seis vigilantes nocturnos, con salario de dos reales por cada noche, pudiendo llevar varas
de justicia y armas durante el cumplimiento de su misión
(cap. 18).

---

(154) Juan Agapito y Revilla. *Las calles de Valladolid.* Valladolid,
1937, pág. 64.
(155) Auto de 25 de agosto de 1563. Agapito García. *Ob. cit.,* página 189.
(156) Auto de 25 de agosto.
Agapito García. *Ob. cit.,* pág. 190.

Quiere prevenirse el peligro de fuego y para ello se prohíbe que en las casas que se reedificaren, hubiere horno para hacer pan (157) «ni tener pajas de cama» bajo multa de cuatro mil maravedís, encomendando al Ayuntamiento que girase visitas de inspección cada tres meses para comprobar la observancia de aquella disposición (cap. 12), pero para suplir la falta de aquellos hornos familiares, se había de buscar lugares apropiados donde a costa de los propios de la villa se hiciesen hornos públicos, el provecho de cuyo uso o arriendo fuese asimismo para los citados propios (cap. 15).

En cuanto se refiere a la construcción propiamente dicha, el doctor Gasca dispone que se guarde la traza mandada por S. M. según la interpretación u orden que diere Francisco de Salamanca «traçadoï, al qual mando —dice— entienda en lo de la dicha traça y reedificaçion» (158) así como debía seguir ocupado «en el hechar de los cordeles en lo de la traça» todo el tiempo que fuere menester un tal Corral (cap. 20).

Para dar más fortaleza y seguridad a las casas, se manda hacer en las esquinas un pie derecho de cantería, de tres pies de ancho por cada lado, a costa de todas las casas que reciben aprovechamiento, es decir todas las de la manzana para los correspondientes a los de las cuatro esquinas (cap. 4). Se dispone también que en todos y cada uno de los ochavos, hubiera tres puertas, guardándose sin embargo la orden que estaba dada (alguna excepción?) en el

---

(157) Tal vez esta prohibición fuese pretexto para que el pastelero Jerónimo de Villarroel, vecino de Valladolid, se negase a recibir de Juan de Pintos, cantero, vecino de Cardeñosa, una piedra para su horno, que precisamente le había contratado en diez y seis ducados, por cuya causa el segundo demandó al primero ante e licenciado Diego Sánchez teniente de corregidor en 2 de marzo de 1575 (A.H.P.Va.. *Protocolos:* n.º 526, hojas 96 y 97).

(158) Auto de 25 de agosto de 1563.

AGAPITO GARCÍA. *Ob. cit.*, pág. 191.

ochavo que cae en la acera de la Especería (cap. 10); que ninguna portada quedase en la Especería con menos de nueve pies de claro ni con más de doce (cap. 11); que en las casas que se hacían en la Costanilla y Ochavos no pudiesen salir los entresuelos de encima del portal hasta la puerta de la calle, sino que quedaran desviados de ella, y que las puertas principales de ellas fuesen enteras y no «trançadas» (cap. 21) es decir en dos mitades horizontales como era costumbre en épocas anteriores y en las poblaciones rurales.

Finalmente los capítulos del Dr. Gasca nos han conservado la descripción más exacta del aspecto exterior de la reconstrucción de Felipe II, ya que la pérdida absoluta de planos y trazas y la renovación periódica de las edificaciones han impedido que llegase hasta nosotros otras noticias de las primitivas.

Así en el capítulo 22 se disponía que las casas que se reedificasen tuvieran en el primer piso «una sola ventana muy bien proporçionada y trançada con su media rreja y balcón de yerro que no pueda salir de la pared mas de lo que sale la media rreja que agora esta puesta en la casa de [en blanco]», en el segundo piso «otra ventana entera con su antepecho de ladrillo» y que cada uno de estas dos ventanas fuesen del ancho de cada casa y conforme a él como lo diere trazado Francisco de Salamanca, y en el último piso, en cada casa «dos ventanas». No se podían hacer más huecos en cada casa excepto en el último piso que podía tener más de dos si el ancho lo consentía. Esta ordenanza fue aclarada por uno de los autos antes citados del propio Gasca, disponiendo que las ventanas se hicieren mayores o menores conforme al ancho de cada casa, según diere por parecer el director de la traza Francisco de Salamanca **(159)**.

---

(159) AGAPITO GARCÍA. *Ob. cit.* pág. 191.

Los deseos modernizadores del Ayuntamiento trascienden a otros lugares de la villa, aun los más lejanos del centro. Buena prueba de ello es el acuerdo tomado concediendo licencia al secretario Francisco de Eraso para levantar unas casas junto a la puerta del Campo, fuera de ella, una principal cuya puerta saliese sobre la puente del Esgueva y otras colindantes, con tanto que todas ellas se hiciesen conforme a la traza y montea con que entonces se labraban las casas de la Costanilla, acuerdo suscrito por el corregidor D. Luis de Osorio, por el juez de la traza, doctor Diego de la Gasca y por el regidor Juan de Miranda (160).

El año 1564 es testigo de algunos acontecimientos singulares relacionados con la reedificación.

Consignemos en primer lugar la licencia que concedió el Ayuntamiento en 27 de marzo en atención a la gran necesidad de «piedra yeso» para que cualquier persona que quisiera extraerla de la cuesta de la Maruquesa, pudiesen hacerlo durante un año con tal que vendiese la carretada de dos mulas a real y medio y la carga de bestia menor a cuartillo (8 maravedís y medio) (161); la celebración de la acostumbrada corrida de toros del día de Santiago en la Plaza Mayor, signo de que se había limpiado ya de la mayor parte de las construcciones provisionales levantadas a raíz del incendio y el acuerdo de limpiar y empedrar la calle que atraviesa de Cantarranas a Esgueva cuya apertura se había acordado el año anterior por el doctor Gasca (162).

De 13 de septiembre son varias cédulas reales una de las cuales manda notificar a los dueños de suelos que no se

---

(160) En 25 de agosto de 1563. A. M. Va. Libro de acuerdos n.º 8, fol. 372 v.º

(161) A. M. Va. Libro de acuerdos, n.º fol. 401.

(162) *Loc. cit.* Fols. 425 v.º y 427.

edificaban por razón de haber pleitos pendientes sobre ellos, la obligación de construir dentro de breve término, pues en caso contrario se venderían los solares y con su importe se levantarían las delanteras y se cogerían aguas; otra dispone que a las personas que han edificado casas en la Plaza Mayor, no se les tomasen contra su voluntad los soportales de ellas para hacer escritorios o audiencias, durante un período de veinte años y una tercera concede licencia a la villa para dar censo, a quien más diere por ello, un suelo que tenía entre los Corrillos y la acera de San Francisco (163).

Y después, dos sucesos de mayor importancia. En el mes de marzo un vendaval derribó «la armadura de algunas casas» dejando a sus dueños en una situación angustiosa, hasta el punto que por cédula fecha en Madrid el mismo 13 de septiembre, fecha de las anteriores, se concede licencia a la villa para que del dinero de la sisa pueda entregárseles 600 ducados (225.000 maravedís) para ayudar a su reedificación (164).

Pero como el mismo día se despachaba otra cédula mandando al Juez de la traza que proveyese sobre la petición del Concejo de la villa referente a prohibir que ningún oficial que no estuviera examinado se entrometiese a edificar de carpintería ni albañilería, las casas que se reedificaban (165), con la cual petición querían evitarse los daños, inconvenientes y costas resultados a algunos dueños de casas, no podemos menos de relacionar ambos documentos entre sí y los dos con un expediente de veinte años después

---

(163) A. M. Va. Leg. 2, n.º 6.
AGAPITO GARCÍA. *Ob. cit.* págs. 141-142, n.º 22, 26 y 24 respectivamente.
(164) A. M. Va. Leg. ant. 2, n.º 6.
AGAPITO GARCÍA. *Ob. cit.*, pág. 142, n.º 25.
(165) A. M Va. Leg. ant. 2, n.º 6.
AGAPITO GARCÍA. *Ob. cit.*, pág. 141, n.º 23. Véase pág. 43.

en que se recogen las mismas circunstancias de intromisión de oficiales sin arte ni experiencia.

Trata el expediento citado de la aprobación y confirmación de ordenanzas de los maestros de yesería o albañiles de Valladolid presentado ante el Consejo Real en Madrid en 13 de septiembre de 1582 (166). En él se incluye un interrogatorio de preguntas a las cuales debían contestar los testigos presentados, preguntas y respuestas que no tienen desperdicio para nuestro estudio.

La segunda, se refiere al conocimiento de que en Valladolid «de muchos años a esta parte a abido e ay muchas obras que se an hecho e van aciendo ansi de yeseria e alvañeria e carpinteria a rrespeto del yncenderio [*sic*] general que en esta dicha villa hubo», y naturalmente fue contestada afirmativamente por todos.

Por la tercera, los testigos debían declarar «si saven que para hazer las dichas obras se an encargado y de presente se encargan de las dichas obras personas para las hazer, las quales han hecho e por no ir bien hechas ni fijas, se an caido en breve tiempo despues que se hicieron e lo que peor es que de averse hecho an peligrado en ellas muchas personas, las quales algunas d'ellas an quedado cojos e otros mancos e otros an fallesçido d'esta presente vida a la otra».

Los testigos coinciden en referirse a dos casas en la Cerería, acera de San Francisco, y a otra de D. Antonio Pressoa que, acabadas de hacer, se cayeron muriendo en las dos primeras «mas de siete personas de alvañeria, entre oficiales e obreros e mujeres que servia para acavar de

---

(166) A. G. S. *Expedientes de Hacienda;* leg. 416, n.º 3. La existencia de este expediente nos fue participada por D. Bartolomé Bennassar, a quien expresamos nuestro agradecimiento.

haçer las dichas casas», y «otros muchos edificios que cada
dia se caen por aver estado mal fabricadas» (167).

En los libros de acuerdos del Ayuntamiento no hemos
encontrado hasta ahora mención del hundimiento de estas
casas. Posiblemente se evitó dejar constancia del hecho. Sin
embargo, se hizo eco de los perjuicios recibidos por los propietarios al solicitar la intervención obligatoria de oficiales
examinados y al cabo de veinte años interviene en la tramitación y aprobación previa de las ordenanzas conociendo
la información testifical citada que no rechaza en nigún
punto, es decir, que considera y estima cierta.

El segundo suceso calificado como de importancia, fue
un incendio que ocurrió el viernes 10 de noviembre, en la
acera de la Cerería y Odreros, del que hay noticia por el
acuerdo municipal tomado el lunes 13 de que a partir de
entonces no pudiese haber en aquella acera ningún obra-
dor de cerero ni odrero ni barnizador, ni aun dentro de
los muros de la villa bajo grandes y graves penas.. Por
cierto que el incendio surgió muy a tiempo, como aviso,
pues dos días antes, el miércoles 8, el Ayuntamiento viendo
la costa que se hacía en los vigilantes nocturnos y «como
las mas de las casas que se quemaron se avitan y viven
en ellas» había acordado solicitar al Rey la supresión o dis-
munición de aquellos seis guardas (168).

Antes de terminar el año, Felipe II atiende otras dos
peticiones de Valladolid: una de ellas referentes a los suelos
de particulares que se tomaron para ampliar la Plaza Mayor y calles, así como para hacer las casas de consistorio,
algunos de los cuales costaron precios excesivos y convenía
retasarlos, asunto que primeramente somete a informe del

───────────────

(167) Declaración de Juan García de Frechilla, solicitador de la
Audiencia. *Expediente citado*. fol. 14.
(168) A. M. Va. Libro de acuerdos n.º 8, fols. 452 y 451.

licenciado Vargas, juez de la traza (169) y poco después resuelve favorablemente (170), disposición esta última que no debió tener efectividad de inmediato, puesto que fue reiterada en 1566 cuando se mandó al licenciado Zapata que volviese a tasar todos los solares comprados por la villa para evitar que fuese agraviada (171).

Y la otra mandando observar una nueva serie de capítulos, la cuarta, dados sobre la reedificación (172) que el licenciado Vargas, previa consulta con el Corregidor, con algunos regidores y con otras personas, sometió a la aprobación regia.

Del mismo modo que en las tres ocasiones anteriores, los capítulos aprobados se refieren a todos los aspectos de la reedificación, pero además en éstos se trata por vez primera de uno cuya significación es notoria. La regularización urbanística de la Plaza Mayor. Sabemos que no todas las casas de la Plaza Mayor habían sufrido los efectos del incendio y al reconstruir las destruídas sobre las nuevas alineaciones y planos ofrecieron visible contraste con las antiguas. Pues bien, ahora se dispone que todas las casas de la Plaza que estuvieren en tales condiciones se derriben y se construyan de nuevo con arreglo a la traza de la reedificación, con lo cual se va a dotar a Valladolid de un conjunto urbano uniforme que ha de causar la admiración de los contemporáneos, admiración no apreciada ni compartida posteriormente por los regidores del Ayuntamiento

---

(169) Cédula fecha en El Escorial 1.º de octubre de 1564. A. M. Va. Leg. ant. 2, n.º 6.

AGAPITO GARCÍA. Ob. cit., pág. 142, n.º 27.

(170) A. M. Va. Libro de acuerdos n.º, fol. 451. Sesión de 8 de noviembre.

(171) Cédula real fecha en Madrid a 3 de abril. A. M. Va. Leg. ant. 2, n. 6.

AGAPITO GARCÍA. Ob. cit., pág. 155, n.º 45.

(172) Cédula real fecha en Madrid a 23 de diciembre del año indicado. A. M. Va. Leg. ant. 2, n.º 6, fol. 69.

AGAPITO GARCÍA. Ob. cit., pág. 143, n.º 29.

que en épocas más cercanas a nosotros permitieron su desaparición.

Los tres capítulos primeros disponen, en efecto, que toda la acera de la Plaza desde la Frenería (Fuente Dorada) con la acera de San Francisco hasta donde la plaza se acaba, incluída la parte que va desde el cantón o esquina de la calle de Santiago hasta el pasadizo de don Alonso Niño (173) o actual calle de la Pasión, se edificase conforme a la traza, en atención a que en toda la longitud citada todas o casi todas las casas tenían saledizos y además los correspondientes a la Espadería estaban desplomadas, por lo cual debían hacerse nuevas «las delanteras» con sus soportales, pilares y puertas de Cardeñosa y ventanas según estaba lo demás de la Plaza.

En este arreglo no se exceptúa el monasterio de San Francisco cuya portada había de sacarse al nivel de las restantes y encima de la cual, es decir, a la altura del entresuelo, se manda hacer un corredor con un altar para decir misa y sobre este corredor «aya otros hasta ygualar con lo alto de las casas de un lado y de otro de manera que el texeraoz sea todo uno», pero sí se previene que en el pasadizo citado se construyese conforme a la traza pero «sin soportales porque no ay lugar para hazerse», señalando así normas para la unión de la edificación suntuosa con soportales a la que debía hacerse en el resto de la población.

Estas normas se completan con otras cuatro referentes a las subvenciones que habían de darse a los propietarios de las casas afectadas por la reforma, consistentes en las portadas «según se dan a los demás cuyas casas se quemaron» (cap. 4); a la tasación y propiedad de los solares que se agregaron a ellas como resultado de la alineación (capí-

---

(173)   En el original se le llama: pasadizo de don Hernando Niño.

tulo 5); a la gratificación que había de abonarse al monasterio de San Francisco para que permitiere elevar las casas colindantes hasta la altura que disponía la traza (cap. 6) y por último a la edificación desde el fin de la Plaza al pasadizo de los Niño, es decir de la calle de la Pasión propiamente dicha (cap. 7).

Tienden dichos capítulos a estimular la edificación y además de mandar notificar a quienes no habían comenzado la construcción la obligación de hacerlo, pues en caso contrario lo haría la villa a su costa (cap. 9); se previene que a quienes estuviesen en tal caso y la villa les debiese cantidad por suelos expropiados, dejarían de percibir sus censos hasta comenzar y acabar la edificación (cap. 8) y se dan instrucciones completas (cap. 10) para el cumplimiento de las normas anteriores.

No podía faltar el grupo de capítulos referentes a cuestiones económicas tales como valoración y pago de los aumentos de suelos dados a casas de propiedad particular (cap. 12); abono a la villa de los censos dejados de pagar durante el tiempo en que las casas han estado sin edificar (cap. 16) (174) pago que debían hacer los dueños de casas beneficiados por la mejor construcción de las esquinas (capítulo 14) citado poco antes; que la villa tomase a su cuenta la diferencia de coste entre los pilares, basas, capiteles y zapatas de ochavo y los ordinarios, por ser aquéllos de otra hechura y más gruesos (cap. 13) y que el dinero que necesitase la villa para edificar casas de personas a quienes ella pagaba censos a 18.000 el millar, pudiese tomarlo a razón de entre 18.000 y 16.000 el millar y no siendo a 18.000,

---

(174) En consecuencia de este capítulo el Ayuntamiento acordó que sus Contadores mayores tomasen memoria de Francisco de Prádanos, mayordomo de propios, de las personas que debían censos en las condiciones a que aquél se refiere (A. M. Va. Libro de acuerdos n.º 8. Sesión de de 25 de junio de 1565).

el daño o mayor coste del préstamo fuese a medias entre la villa y el dueño del suelo (cap. 11).

Completa tan interesante relación la autorización para que «se haga en el sitio de la Red que está entre la puerta de Sant Francisco y las casas de Baltasar de Paredes, auditorio para los alcaldes» (cap. 15) lugar que corresponde a las actuales casas derruídas en la Plaza Mayor. Las casas en cuestión estaban muy adelantadas en 23 de agosto de 1568, en cuya fecha el Ayuntamiento acordó tomar mil ducados a censo para con ellos acabarlas (175).

Con el año 1565 la edificación mantiene el ritmo previsto y deseado. Pero todavía son necesarias algunas disposiciones que la favorezcan. Así por ejemplo, la licencia concedida a la villa para que pudiese ejercer la facultad de expropiar solares para ensanchar calles y plazas, aunque fuesen de mayorazgos, con tal que incorporase a éstos el precio que abonase por dichos suelos (176).

Y de modo especial otra cédula que manda observar la traza aprobada para la reedificación de las casas que se construyesen en la calle de Cantarranas, parte no destruída por el incendio, y en la Plazuela Vieja, «desde la Costanilla hasta la Corredera de Sant Pablo» (177) en cuyas palabras vemos que estas calles escogidas constituían la vía de comunicación entre la Plaza Mayor y el núcleo urbano cuyo centro era el monasterio de San Pablo.

En este año 1565 tuvo lugar la visita y paso por Valladolid de la reina doña Isabel de Valois o de la Paz, que hemos mencionado anteriormente, y esta visita se refleja

---

(175) A. M. Va. Libro de acuerdos n.º 8 (1561-1658).

(176) Cédula fecha en Madrid a 26 de enero de 1565. Original en A. M. Va. Leg. ant. 2, n.º 6.

Agapito García. Ob. cit., pág. 150, n.º 33.

(177) Cédula fecha en Segovia a 6 de agosto de 1565. Original en A. M. Va. Leg. ant. 2, n.º 6, fols. 45.

Agapito García. Ob. cit. pág. 151, n.º 37.

en algunas disposiciones particulares que afectan a la reconstrucción. Debían de subsistir aún algunas de aquellas tiendas provisionales construídas en la Plaza a raíz del incendio y con motivo de una reclamación de Cristóbal de Tordesillas, ropero, y consortes, el Ayuntamiento acordó que pasaran a instalarse en las casas ya terminadas de la nueva calle de los Roperos todos los que estaban instalados en la Plazuela Vieja y en las tiendas «frontero de l' azera de San Francisco» y que se derribasen estas tiendas. El acuerdo es de 12 de febrero cuando posiblemente hubiese ya alguna noticia del proyectado viaje y dos meses más tarde, el 10 de abril, se comisiona a dos regidores, Baltasar de Paredes y Francisco de Paredes, para que, respectivamente hiciesen desembarazar la Plaza Mayor de la villa y la Plazuela Vieja para el recibimiento de la Reina (178).

La reedificación propiamente dicha va a durar todavía más de diez años como de modo indirecto se ha apuntado al tratar de la sisa, pero en una relación dirigida al Rey en 1574 se le comunica que de los edificios que eran necesarios para el ornato de la villa «no faltan mas que diez y nueve casas de la Cerería y estas no será ynconviniente que por algunos años esten sin labrarse ni derribarse» (179), comprendiéndose fácilmente que tales no eran de las quemadas, sino de las afectadas por la reforma urbanística de la población.

En todo este tiempo son frecuentes las noticias sobre subastas de suelos propiedad del Ayuntamiento, conminaciones de los Jueces de la traza incluso al propio Concejo para edificar los solares, discusiones y pleitos originados por las tasaciones y precios de los solares y autorizaciones de la villa para ventas y traspasos de casas sujetas a censo.

---

(178) A. M. Va. Libros de acuerdos n.º 8 (1561-1568).
(179) A. H. N. *Códices*, n.º 49, fol. 85. En cédula real de 18 de diciembre de 1574.

Algunas veces se solicitan desde la Corte informes sobre determinados asuntos, mereciendo citar la cédula fecha en Madrid a 3 de abril de 1566, sobre la conveniencia o no de adquirir todos los solares quemados que se hubiesen vendido a particulares para con ellos pagar los expropiados (180), la dirigida desde Madrid a 3 de abril de 1567 al licenciado Hernán Velázquez, Juez de la traza, sobre el pleito promovido por Gaspar de Alcalá acerca del mayor precio en que se había tasado el aumento de pies que se le dieron conforme a la traza, asunto que había tratado el Ayuntamiento en una de sus sesiones (181).

En 1570, el Concejo obtuvo licencia para tomar a censo 4.000 ducados como también se ha anotado ya en otro lugar. Su finalidad era poder edificar ocho casas en la Plaza Mayor «que son las tres donde solía ser la calle de Xerez y otras dos de Bracamonte de León y otras tres en el testero de la dicha plaça de St. Francisco» cuyos dueños no tenían posibilidad de hacerlo, siéndole forzoso a la villa realizar la obra (182).

A mediados de 1573, el fantasma del fuego amenazó de nuevo a la población y en varias sesiones del Concejo, se preocuparon los regidores en averiguar y recordar las órdenes que estaban dictadas para prevenir los incendios, así como en pagar los gastos de herradas y sogas empleadas en remediar el surgido en la noche del 25 al 26 de junio (183).

En septiembre de dicho año y principios del siguiente se trata ampliamente sobre si debían hacerse soportales en el pasadizo de don Alonso Niño (calle de la Pasión) aunque

---

(180) A. M. Va. Leg. ant. 2, n. 6.

AGAPITO GARCÍA. Ob. cit., pág. 154, n.º 43.

(181) A. H. N. Códices, n.º 49, fol. 71 v.º

A. M. Va. Libro de acuerdos n.º 8 (1561-1568). Sesión de 27 de enero de 1567.

(182) A. H. N. Códices, n.º 49, fol. 83.

(183) A. M. Va. Libro de acuerdos n.º 6, fols. 169 y 175 v.º Sesiones de 26 de junio y 13 de julio de 1573.

ya estaba previsto en sentido negativo y así se acordó después de varias consultas e informes del Juez de la traza y de varias sesiones del Concejo (184).

Fue en diciembre de 1574 cuando se prorrogó por última vez la sisa aplicable a pago de obras y otras atenciones en la misma forma que cuando se estableció. Su validez era el bienio 1575 y 1576 en el que prácticamente se dio cima a la obra.

Entre los escribanos que lo fueron de la traza figura Miguel de Palacios, aquel escribiente de Gaspar de Salcedo a quien el Ayuntamiento gratificó por ciertos trabajos de busca en las escrituras del segundo, del cual se ha conservado un protocolo con escrituras del año 1575 (185), entre las cuales se hallan documentos referentes a la reedificación. Así un conjunto cuya primera hoja o carpeta dice: «Relación de la piedra de Cardeñosa y obligaciones, autos y recaudos» (186) hecha en febrero de 1575.

La relación comprende «las piedras que estan quebradas en las casas de los damnificados» con especificación de su clase, tal como basas de pilares, zapatas, capiteles, linteles [*sic* por dinteles] y basas, zapatas y capiteles que suponemos sean de columnas.

Pero más interesante es la relación de casas con nombres de las propietarios y algunas veces las calles en que se hallan, que son otras tantas pistas para seguir la huella de la obra realizada.

Y mayor interés tiene todavía otra relación referente a la piedra que faltaba para las casas «que estan por hedificar en la Lonxa y Zereria» (187), que eran en la

---

(184) A. M. Va. Libro de acuerdos n.º 6, fols. 211 v.º, 215 v.º, 216. v.º 274 v.º
A. M. Va. Libro de acuerdos n.º 9. Sesión de 17 de febrero de 1574.
(185) A. H. P. Va. *Protocolos:* n.º 526.
(186) *Loc. cit.* Hojas 70 a 97 inclusive.
(187) *Loc. cit.* Hoja 81.

calle de la Lonja 19 casas; en las espaldas de los libreros «a la Lonxa», 5 casas; y en los suelos de Fabián Acedo, también llamado Fabián Martínez, que por exclusión eran los de la Cerería, 8 casas.

Al caducar la concesión de la sisa, a fines de 1576, don Pedro Enríquez, Juez de la traza, mandó que continuase la exacción en tanto se recibía resolución real a la petición que oportunamente había formulado el Ayuntamiento.

Esta resolución consistió en una cédula real fechada en Madrid el 14 de enero de 1577, que ya hemos citado anteriormente (188) y por cuyo contenido sabemos y conviene ahora anotar que ante la protesta de «los vezinos y herederos» de la villa, el licenciado Viesga alcalde del crimen, estorbó por pregón la orden dada por el Juez de la traza y de hecho hizo romper las medidas a los que vendían el vino de la sisa y que el Rey, proveyendo lo más conveniente al bien de Valladolid, dispuso que continuase la sisa aplicada al desempeño de las deudas del Consejo y no a otra cosa alguna ni de reedificación, ni de salarios de ministros ni de oficiales empleados en ella «porque esto queremos y es nuestra voluntad que por agora cese» (189).

Podemos considerar por tanto que a fines de 1576, la obra estaba prácticamente terminada aunque la verdad sea que se continuaba trabajando en algunas partes, incluso en las casas de consistorio y que la labor efectuada iba a continuar dando trabajo unas veces para perfeccionarla con reformas que la mejoraban y otras por los inconvenientes que resultaron de sus defectos. Ciertamente

(188) Véase pág. 56.
(189) Véase nota 91.
A. M. Va. Libro de acuerdos n.º 7, fol. 151 v.º

que en 1595 y 1596 continúa ejerciendo sus funciones de Juez de la traza, el licenciado Barrionuevo, que el Ayuntamiento sigue nombrando los dos regidores comisarios de la traza que en virtud de las disposiciones reales debían acompañar a aquél y que son relativamente frecuentes en los libros municipales de acuerdos, noticias que se refieren tanto a los pleitos como a los mismos edificios de la traza (190). El mismo Concejo en 20 de noviembre de 1596 acordó por mayoría de votos pedir al Rey que prorrogase la comisión del Juez de traza para que entendiese en todos los asuntos derivados de ella, puesto que el licenciado D. Francisco de Barrionuevo cesaba en dicha función al terminar el año (191).

---

(190) A. M. Va. Libro de acuerdos n.º 29, fols, 22, 46, 70 y otros. Libro de acuerdos n.º 12, fols. 109, 157 y otros.
(191) A. M. Va. Libro de acuerdos n.º 29, fol .343.

CUENTAS DE LA OBRA

La labor investigadora y de reconstrucción de los hechos tropieza con un muro cuando se pretende averiguar cómo se gastaron y justificaron los ingentes caudales recaudados, por todos conceptos, por el Ayuntamiento vallisoletano.

Causa principal es la ausencia en su archivo de toda clase de cuentas: libros, recibos, liquidaciones, etc., de la época que hemos estudiado y aún de muchas otras más recientes. Sin duda alguna, con mucha frecuencia hasta los tiempos actuales, se ha considerado que el guardar y conservar papeles antiguos y modernos es lujo innecesario cuando no inútil y por ello, al pasar el límite de las prescripciones administrativas, se han destruido por sistema o por abandono.

Las disposiciones reales que autorizaron la imposición de sisa y las suertes o lotería, regulaban su administración y los libros que debían llevarse para su justificación.

El Ayuntamiento, por su parte, en sesión de 8 de abril de 1562 acordó que todos los autos sobre mediciones de solares y su replanteo «anden juntos en un volumen en proceso» para conservar noticia de todo lo que se proveía (192). En diferentes ocasiones se comisionó a determinados regidores para que recogiesen de los escribanos

---

(192) A. M. Va. Libro de acuerdos n.º 8 (1561-1568), fol. 173 v.º

del Ayuntamiento las escrituras que tenían sobre asuntos
de la traza (193), o se encargó su rebusca entre los papeles de un escribano fallecido (194), o se acordó reiteradamente que se hiciesen y normalizasen las escrituras de
los censos fundados a favor de la villa o concedidos por
ésta, o se dispuso que de las escrituras que la villa otorgase se hiciesen dos copias, una para el Mayordomo y
otra para el archivo (195), y alguna vez llegó a decirse
que «las escrituras de la hazienda d'esta villa estan a mal
recaudo» y a acordar la compra de un arca de acero para
guardarlas, arca que efectívamente se compró y costó
veinte ducados (196).

Felipe II, verdadero organizador del Archivo de Simancas y creador del Archivo de la Real Audiencia y
Chancillería de Valladolid, también dejó huella de su
interés porque se corrigiese aquella deficiencia de organización en el archivo municipal vallisoletano, cuando
por una cédula de 20 de octubre de 1584, que en contraste con su finalidad no se ha conservado originalmente,
concedió facultad a la villa para que «pueda dar por seis
años seis mil maravedis de salario a un archivista» (197),
suponemos que para que ordenase el rico conjunto documental que entonces poseía el Concejo.

Sin embargo, ninguno de los documentos y libros
mencionados ni tampoco las cuentas que periódicamente
se tomaron a los mayordomos de propios y de obras y a

---

(193) *Loc. cit.* fol. 296 v.º Sesión de 8 de febrero de 1563.
Idem, ídem, fol. 339. Sesión de 7 de mayo de 1563.
(194) *Loc. cit.,* fol. 428 v.º Sesión de 31 de julio de 1564. Se
acordó librar cuatro ducados a Miguel de Palacios, escribiente que
fue de Gaspar de Salcedo, difunto, por lo que se ocupó y buscó en los
registros del dicho Salcedo en cosas tocantes a la villa.
(195) *Loc. cit.,* fol. 452. Sesión de 13 de noviembre de 1564.
(196) *Loc. cit.,* fols. 423 y 424 v.º Sesiones de 14 y 19 de julio
de 1564.
(197) A. M. Va. Legajo antiguo «especial», n.º 12, hoja 57.

los administradores de sisa y suertes han llegado hasta
nosotros, conviniendo recordar aquí cuánto dice Martí y
Monsó sobre alguna documentación de este tipo perteneciente al mayordomo de obras Juan de la Moneda, que
halló en su día en el Archivo Provincial de Hacienda, mez-
clada con documentos y escrituras de la fundación reli-
giosa hecha por doña María Sanz de Salcedo en el monasterio de San Nicolás de esta ciudad, de donde fue
recogida en el siglo xix al incautarse la Hacienda de la
documentación de los conventos suprimidos (198).

Recordemos también que, como queda dicho anteriormente (199), en 1563 se otorgó comisión al Dr. Gasca
para que tomase las cuentas de lo recaudado por sisa y
pagado hasta entonces, siendo de suponer que con pos-
terioridad a aquella fecha, las cuentas se tomarían de
modo normal e incluso se presentarían al Rey o al C̅-
sejo de la Cómara. Y agreguemos que, por otra parte,
cuando Felipe II dispuso en 1577 que la sisa no se emplease en gastos de la traza sino en pago de réditos y amorti-
zación de censos, el Ayuntamiento, en sesión de 4 de
noviembre, acordó que Diego de Portillo y Miguel de Oliva, siguiesen la administración de dicha traza y gastasen
lo necesario, y que las cuentas las presentasen a los regidores Fernando Núñez de Castro y Francisco de Portillo (200).

Pero a falta de un estudio sistemático de los gastos
de la reedificación, vamos a exponer algunos datos relacionados con ellos y sus cuentas, los cuales pueden ilus-
trar aspectos parciales del proceso económico de aquélla.

Los gastos ordinarios o normales de la reedificación

---

(198) José Martí y Monsó. *Estudios históricos-artísticos relativos
principalmente a Valladolid.* Valladolid, 1901. Pág. 423-427.
(199) Véase pág. 53.
(200) A. M. Va. Libros de acuerdos n.º 7, fol. 154.

fueron salarios de ministros y oficiales como eran el Juez de la traza y el escribano, los regidores-comisarios de ella, el director de la obra, posiblemente los tasadores, etc.; en segundo lugar, la limpieza y descombro de calles y solares; después, el pago de los sueldos y casas expropiados, las subvenciones o indemnizaciones para favorecer y estimular la construcción, entre las cuales han de incluirse las portadas de piedra que total o parcialmente se abonaron a los damnificados y como es lógico la talla de la piedra y su transporte desde Cardeñosa; y por último, las obras que la villa efectuó directamente, ya en edificos propios, ya en los de particulares.

Por cuanto se refiere a salarios, algún documento relaciona que durante diez años, mientras los negocios y las ocupaciones lo justificaron, se había pagado sin reparo de ninguna clase cien ducados anuales (37.500 maravedís) a cada uno de los dos regidores-comisarios. 30.000 maravedís a un procurador y cantidades proporcionales a otras personas, pero que en 1571, Pedro de Cartagena en nombre de la villa y atento que «la mayor parte de todo ello avia cesado y cesarán los negoçios y obras», solicitó cesasen también aquellos sueldos o por lo menos, se moderasen, en vista de cuya petición se mandó a D. Pedro de Castilla, Juez de la traza, enviase al Consejo Real, en plazo de diez días a partir del recibo de la orden, información acerca del asunto con su parecer sobre él (201).

Otro de los cargos que a partir de fecha determinada debió atenderse con la sisa, fue el de los honorarios de Francisco de Salamanca «traçador», «maestro e behedor» de las obras, a quien desde 1.º de ocubre de 1562 se le

---

(201) Provisión del Consejo Real dada en Madrid a 6 de septiembre de 1571. Original en A. M. Va. Leg. ant. 2, n.º 6.
AGAPITO GARCÍA. Ob. cit., pág. 157, n.º 55.

acreditaron 40.000 maravedís anuales de salario (202), cantidad aumentada a 100.000 maravedís por cédula de 19 de diciembre del mismo año y ratificada por otra posterior de 5 de agosto de 1564, pagaderos de los propios de la villa hasta que por una tercera cédula fecha en El Escorial a 11 de marzo de 1566 se manda que desde dicho día se pagase dicho salario «de los dineros que se han cobrado y cobrasen de la sisa» (203), en consecuencia de lo cual aquél presentó una petición al Ayuntamiento, que fue aprobada por el Juez de la traza licenciado Juan Zapata, excepto en la cantidad correspondiente a cinco meses que estuvo ausente, en otras obras, en Madrid.

Como muestras de pagos por obras, podemos anotar que el Ayuntamiento, en 10 de noviembre de 1568, mandó librar a favor de Francisco Toledano, carpintero alarife, 76.461 maravedís por las obras que había hecho en las casas de la villa, sitas en la Plaza Mayor, y dos días después se acordó otro libramiento a favor de Gonzalo de Sobremazas, cantero, de 10.580 marvedís y medio por los cimientos de cantería que hizo en los suelos de la villa, en el sitio llamado de Juan de Morillo (204).

En febrero de 1575 se protocolizan ante Miguel de Palacios, escribano del número y de la traza, entre otros documentos, unas cartas de obligación de los canteros Bartolomé de Moris, padre e hijo, Juan de Pintos y su padre Luis de Pintos, todos vecinos de Cardeñosa, para sacar, labrar, desbastar y cargar en los carros que fueran a buscarlas, ciertas piedras para la obra vallisoletana (205).

---

(202) Capítulos de Menchaca y Velasco, n.º 25. Véanse págs. 88 y siguientes.

(203) A. H N. *Códices*, n.º 49, fol. 69.

(204) A. M. Va. Libro de acuerdos n.º 8 (1561-1568). Sesiones de los días citados.

(205) A. H. P. Va. *Protocolos:* n.º 526, hojas 84 a 95 v.º

Y también unas cuentas comenzadas a tomar a Juan de la Vega y compañía en 20 de diciembre de 1573 y terminadas en 8 de febrero de 1575, de liquidación de saldos resultantes en otras anteriores. Las datos de éstas son de gran interés. Nos dicen que en 15 de abril de 1570 Francisco de Salamanca y Hernando del Río, después de una visita a las obras, declararon o certificaron que aquéllos tenían asentadas «en lo nuebamente reedificado trescientas y setenta y siete portadas» las cuales estaban ajustadas a 26 ducados cada una e importaron 9.802 ducados o sea 3.675.750 maravedís, de los cuales los contratistas tenían recibidos en el día de la cuenta (16 de julio de 1571) 3.009.572 maravedís (206).

En junio del mismo 1575 se firmó por Pedro de Azcutia, carpintero y alarife, vecino de Valladolid, la carta de obligación para construir la obra de carpintería que faltaba de hacer en la fachada de San Francisco, con arreglo a las condiciones y modelo que hizo Juan de Salamanca, sucesor de su padre Francisco, en la dirección de la traza. La contrata era propiamente por la mano de obra, es decir, por la realización del trabajo, pues se debía facilitar al adjudicatario todos los materiales necesarios y los pertrechos como maromas, torno, escaleras, etc. La obra se daría terminada el día 29 de septiembre. La primera postura de la subasta, hecha por Pedro de Mazuecos, era de 250 ducados, cantidad sucesivamente rebajada hasta menos de la mitad, 117 ducados, en que fue adjudicada al citado Azcutia (207).

Para dicha obra se comprometieron 400 fanegas de yeso a 38 maravedís a Martín Ramos y Sebastián Nieto,

(206) A. H. P. Va. *Protocolo* 526, hojas 114 a 118.

Esteban García Chico. *Documentos para el estudio del arte en Castilla*. Tomo I. Arquitectos. Valladolid, 1940. Pág. 29.

(207) A. H. P. Va. *Protocolos:* n.º 526, hojas 360-366 v.ª

vecinos de Corcos (208); a Juan de Pedregal, la reja de la portada y a Francisco de Trucios, calderero, las tres bolas de cobre o «manzanas» para dicha reja, que costaron 194 reales o sea 6.596 maravedís (209).

Como ejemplos de pagos por expropiaciones citaremos los tres casos de Pedro Núñez de Escobar a quien se le habian tomado ciertos suelos «para casas de Regimiento» pagándoselos en un censo de 90.000 maravedís anuales a 18.000 el millar, que suponían un capital de 1.620.000 maravedís (210); del licenciado Antonio de la Peña, abogado en la Real Audiencia, heredero de una casa «en la calle del Corrillo de los Lenceros», destruída en el incendio, cuyo solar «por el movimiento de la traça... se mudó y pasó mas adelante en la delantera del consistorio biejo» en la Plaza Mayor, donde se le señaló otro sitio mayor que el primitivo y después de edificada la casa y medida, el licenciado de la Peña tuvo que pagar la diferencia del valor del terreno acrecentado en un censo perpetuo de 6.710 maravedís y seis pares de gallinas (211); y el de Maria Sevilla, viuda del licenciado Cristóbal de León, médico cirujano, e hija de Hernando Sevilla, joyero, quien habia recibido en censo perpetuo enfitéutico del licenciado Francisco de Lerma y su mujer doña Francisca de Monroy y Mudarra una casa en la Rinconada «a do dizen la Sonbrereria». Destruída esta casa en el incendio, el Ayuntamiento expropió para ensanchar la calle y acomodar otras casas «seteçientos pies de quadros» (700 pies cuadrados), los quales se tasaron en 441.000 maravedís incluída la veintena parte de indemnización, y fueron pagados de este modo: 190.089 maravedís en metálico a Ma-

(208) A. H. P. Va. *Protocolos:* n. 526, hoja 347.
(209) A. H. P. Va. *Protocolos:* n.º 526, hojas 532 a 537.
(210) A. H. P. Va. *Protocolos:* n.º 526, hoja 426.
(211) A. H. P. Va. *Protocolos:* n.º 448, hoja 111.

ría Sevilla; 142.911 maravedís en un censo al quitar de 7.938 maravedís anuales a 18.000 el millar a favor de la misma; y los restantes 108.000 maravedís e notro censo, también al quitar, de 6.000 maravedís anuales a favor de doña Francisca de Monroy y Mudarra, dueña del directo dominio del solar (212).

El valor de los derribos y reedificaciones a causa de la reforma urbanística puede apreciarse en los tres casos siguientes.

A Antonio de Sepúlveda se le derribó parte de una casa y mesón «en la acera de la Plaza Mayor» cuya reedificación se tasó en 450 ducados, aprovechando los despojos del derribo, cuyo importe le fue pagado en metálico en diversos plazos, extendiéndose la escritura de pago y finiquito ante Miguel de Palacios, el día 8 de enero de 1575 (213). Pedro de Mazuecos, el conocido «carpintero y alarife» vecino de Valladolid, contrató en 14 de junio y 9 de octubre del mismo año 1575 el derribo y reedificación de dos casas afectadas por el plan de reforma de la villa: una, propiedad del Dr. Romano, inquisidor, hijo de Gregorio Romano, sita en la Cerería, por precio de 400 ducados (150.000 maravedís), y la otra perteneciente a Gome Guerrero, espadero, en el cantón de la calle de Teresa Gil, por 10.500 reales que valían 357.000 maravedís (214), cantidades que, sin duda alguna, los interesados percibirían del Ayuntamiento. Análogamente, Juan de Toranzo, albañil y vecino de la villa, se obligó en 21 de agosto del mismo año, a hacer la delantera o fachada de las casas que Antón de Uribe tenía en la Acera de San Francisco, en término de veinte días por precio de 21 ducados o sea 7.875 maravedís (215).

(212) A. H. P. Va. *Protocolos:* n.º 448, hojas 1 a 13.
(213) A. H. P. Va. *Protocolos:* n.º 526, hojas 17 a 21 v.ª
(214) A. H. P. Va. *Protocolos:* n.º 526, hojas 279 y 483.
(215) A. H. P. Va. *Protocolos:* n.º 526, hoja 317.

Los libros de acuerdos municipales consignan abundantes asientos relativos a los contratos de censo tanto en favor como en contra de la villa, casi siempre con indicación del escribano ante quien se formalizaba cada uno con cuyo dato y la fecha, es fácil comprobar las condiciones en el correspondiente protocolo cuando éste se conserva.

En estos protocolos encontramos también y lo dejamos registrado aquí aunque no se trate de gastos del Ayuntamiento, otras noticias sobre la economía de la reedificación, las relaciones entre particulares. Indudablemente existía en Valladolid un núcleo considerable de artífices y artesanos, de los que constituían lo que mucho después se dio en llamar clase media, de crédito reconocido y honorabilidad acrisolada, pero cuya fortuna sufrió rudo quebranto con el incendio y así cuando se vieron en la necesidad de levantar de nuevo sus viviendas y posiblemente reponer su ajuar, no dispusieron del numerario suficiente para ello y hubieron de declarar su impotencia económica para construir, según hemos visto, o acudir al préstamo. Estos se facilitaron mediante la hipoteca de la propiedad inmueble: los solares y los edificios que sobre ellos iban construyéndose, y la capitalización de la renta no se hace a diez y ocho mil el millar como en los censos constituídos por el Ayuntamiento sino al límite máximo legal, es decir, a catorce mil el millar (216).

Sirvan de ejemplo los casos siguientes: Jerónimo de San Miguel, platero, y su mujer Francisca de Cisneros, recibieron de Pedro Gutiérrez, pellejero, 700 ducados que valían 262.500 maravedís, para edificar y terminar su casa en la calle de la Costanilla, fundando sobre ella y otras dos que aquéllos poseían en las calles de la Obra (Duque de la Victoria) y de San Julián, un censo anual al

---

(216) Véanse págs. 55 y 56.

quitar de 18.750 maravedís (217). Pedro Miguel, platero, y su mujer Francisca de Santander recibieron de Andrés Téllez, platero, 56.000 maravedís para terminar de construir una casa en la calle de la Costanilla, creando sobre ella un censo anual al quitar de 4.000 maravedís (218).

Para terminar este cuadro económico de la vivienda en las casas reedificadas, consignaremos a modo de ejemplo dos notas de sus precios de alquiler, aunque las cifras que anotemos no puedan servir para establecer relación de porcentaje entre el valor de la casa y el del arrendamiento percibido.

En junio de 1575, Diego Montejo, racionero de la Iglesia mayor, arrendó el «quarto segundo» de las casas en que vivía García de Herrera, dorador, en la calle de la Frenería, por precio de seis ducados y medio (2.347,5 maravedís) anuales (219). Y en julio del mismo año, Melchor de la Torre, sombrerero, arrendó «el quarto de en medio [el segundo piso] y los entresuelos... mas el portal... e tienda para tener los sombreros de su oficio con mas una camara en lo alto... en los desvanes» de la casa que Isabel Lagos tenía en la Plaza Mayor, por precio de 32 ducados o sea 12.000 maravedís anuales. La propietaria se reservaba la facultad de poder tener en una de las puertas de la casa su tienda del oficio de mallería con una mesa donde poner mallas y cotas, y un asiento, y además la propiedad de la ventana del «dicho quarto segundo» para las fiestas y regocijos (220).

---

(217)   En 17 de agosto de 1563, ante el escribano Antonio Cigales, A. H. P. Va. *Protocolos:* n.º 59, hojas 849 a 854.

(218)   En 5 de noviembre de 1563, ante Antonio Cigales. A. H. P. Va. *Protocolos:* n.º 59, hojas 1184 a 1187. La noticia de los préstamos a que se refieren esta nota y la anterior nos fue facilitada por D. Bartolomé Bennassar.

(219)   A. H. P. Va. *Protocolos:* n.º 526, hoja 334. Sobre precio de las casas en general y de los arrendamientos, en Valladolid, puede consultarse la obra de JUAN JOSÉ MARTÍN GONZÁLEZ, *La arquitectura doméstica en Valladolid.* Valladolid, 1948. Pág. 92.

(220)   A. H. P. Va. *Protocolos:* n.º 526, hoja 309.

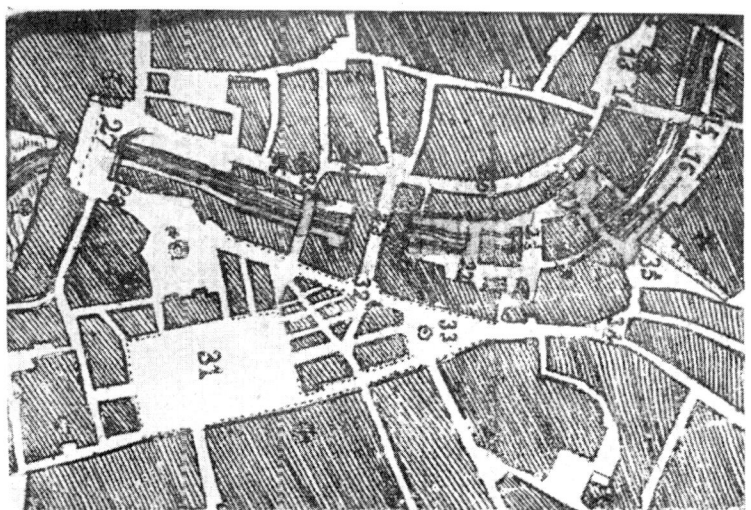

Plano de Valladolid (1788).

EXPLICACION

13. Plazuela del Almirante.
18. Cantarranas.
19. Las carnicerías y su puente.
21. Calle de la Ropería.
22. Puente de los Gallegos.
23. Puente y calle de la Platería.
24. Corral de la Copera.
25. Puente del Val.
26. Malcocinedo.
27. Puente y monasterio de San Benito.
28. Rinconada.
31. Plaza Mayor.
32. El Ochavo.
33. Fuente Dorada.
34. Plazuela y calle de los Orates.

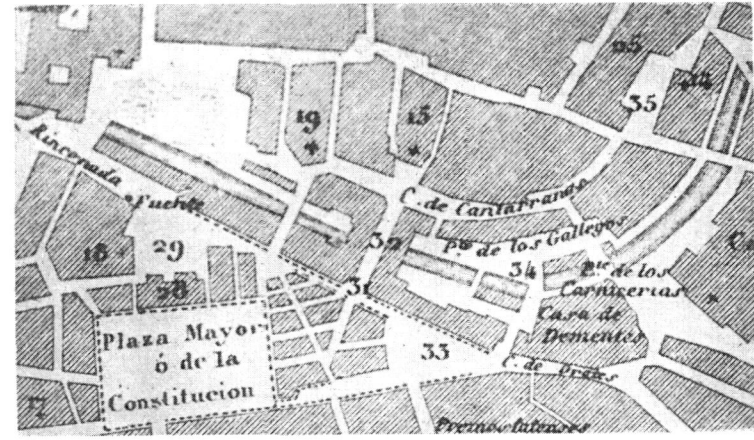

Plano de Valladolid (1852).

EXPLICACION

15. Iglesia de la Cruz.
17. Iglesia de la Pasión.
18. Iglesia de Jesús Nazareno.
19. Oratorio del Val.
25. Palacio del Almirante, «hoy» Diputación Provincial.
28. Casas Consistoriales.
29. Plaza de la Red o mercado.
31. Plazuela del Ochavo.
32. Calle de las Platerías.
33. Plazuela de Fuente Dorada.
34.   Id.   de la Libertad.
35.   Id.   de las Angustias.

LA POBLACION REEDIFICADA

Después de estudiada la reconstrucción de Valladolid desde tan distintos puntos de vista, nos preguntamos: ¿Cómo eran las casas según la «traza» tantas veces citada? ¿Qué aspecto ofrecía la población en la zona recién construída? Y para responder a ellas, hemos de acudir necesariamente a las noticias que se han ido recogiendo a lo largo de este estudio y a las que dejaron en sus escritos algunos vecinos o viajeros, que en sus descripciones conservaron el recuerdo de cuanto veían, ya que como varias veces hemos hecho constar la carencia de planos, dibujos y memorias de tan interesante obra es absoluta (221).

En el último tercio del siglo XVI, los corregidores, regidores y procuradores mayores de Valladolid habían trabajado constantemente por la mejora urbana, por la renovación de franquezas y privilegios, se había establecido

---

(221) Sin embargo, tales planos se conservaron cierto tiempo en el Ayuntamiento, pues algunos figuran en su «Inventario general de todos privilegios, cédulas, provisiones y los demás papeles que hay en el archivo d'esta ciudad de Valladolid». (A. M. Va. Legajo antiguo «especial», n.º 12), hecho después de 1597 y muy posiblemente hacia 1600, y que contiene separadamente varios inventarios parciales por asuntos, entre ellos, en las hojas 91 y 92, el «Inventario de las traças que hay en los archivos de Valladolid, de los edificios que se han hecho y van haziendo en esta villa...», de cuyo inventario se ocupó AGAPITO REVILLA en su trabajo *Las casas consistoriales de Valladolid*, publicado en el Boletín de la Sociedad Castellana de Excursiones, tomo IV (1909-1910), pág. 115 a 124.

en ella una fábrica de moneda, se había conseguido municipalizar la traída de aguas del viaje de Argales, se instalaron nuevos servicios de carnicería o matadero y como remate de toda esta labor Valladolid obtiene dos mercedes que le dan rango superior en lo religioso y en lo político administrativo.

En el paso del año 1595 al 1596 la Iglesia mayor se ve elevada de rango como consecuencia de la erección del obispado por bula de Clemente VIII de 25 de septiembre de 1595 y la villa se ve convertida en ciudad por carta real de Felipe II de 9 de enero de 1596.

La fama que Valladolid había gozado en tiempos anteriores como la villa más noble de Castilla, la residencia de la corte en ella casi permanentemente durante la primera mitad del siglo xvi y de modo especial aquellas mejoras urbanas acabadas de citar, debieron de pesar considerablemente para que en los comienzos del xvii volviese la corte, trasladándose desde Madrid. Con ella o por ella llegan viajeros y visitantes entre los cuales no faltan quienes dejan escritas sus impresiones sobre sus calles y plazas, sobre los vecinos y sus costumbres.

Pero la primera de estas descripciones en el tiempo y posiblemente la más fidedigna, en cuanto al tema que nos interesa, es la del poeta y prosista Damasio de Frías, que vivió en Valladolid durante los años del incendio y reconstrucción, el cual en su *Diálogo en alabança de Valladolid* que ya estaba escrito en 1582, no sólo hace el elogio de la población sino que con certeras palabras la retrata en su nuevo aspecto urbano (222).

Así dice: «...la Plaça Mayor, la qual con todo lo de la nueva traça que fue quanto se quemó y mas mucho que

---

(222) Publicado por vez primera por don NARCISO ALONSO CORTÉS en su *Miscelánea Vallisoletana*. 2.ª serie. Nueva edición en Valladolid, 1955, tomo II, pág. 225 a 288.

haviendolo derribado se ha edificado, conforme a esto,
es tal que extrangeros y naturales, italianos, flamencos,
franceses, alemanes, finalmente quantos el nuevo edificio
veen, que seran como ochocientas casas, dizen que es
sin duda el más vistoso pedaço de edificio que se sabe en
el mundo; porque, señor, todo él es cordel todo a una
altura, todo de ladrillo, las puertas todas de un tamaño
que son catorce pies de alto de cada tres piedras de Cardeñosa, sin que entre puerta y puerta de quantas os digo
en tanta multitud de casas haya un dedo de pared. Tiene
despues d'esto cada casa tres ordenes de un tan ancho,
las primeras puertas ventanas con sus medias rexas todas, la segunda orden es de ventanas, la tercia parte menores. La tercera es mas disminuyda, que vienen con las
primeras en proporcion doblada; van sobre todos los tejados levantadas unas açoteas con una mesma ygualdad
de mucha hermosura y servicio. La Plaça, si no es lo que
ocupan las Casas de Consistorio, que solamente estan
levantadas quatro estados en alto, siendo de traça por
cierto hermosissima, todo lo demas en redondo es de
portales sobre columnas de Cardeñosa con tapas y cha-
piteles de la misma piedra, de diametro de tres palmos,
redondas, salvo las que estan en esquinas que son ahova-
das y de mas grosor. Corren estos portales por toda la
Acera y Cereria, por los Guarnicioneros y Especeria, que
por el numero de las columnas que pasan de treszientas
y tantas, entendereis lo que ocupan los portales, haviendo entre columna y columna en la que menos espacio
diez pies, en otras a catorce, segun el suelo de la casa. La
Plaça tiene tal proporcion, que siendo la tercia parte
mas larga que ancha, teniendo de ancho dozientos pas-
sos, es tal y tan hermosa, que jamas se vio theatro qual
ella. Ni es menos vistoso el Ochavo, la Costanilla, la Ha-
zera. Especiaria, con todo lo demas nuevo».

Después de Frías, Enrique Cook en *La jornada de Tarazona*, hecha por Felipe II en 1592 (223), narra la estancia del Rey en Valladolid dicho año y al tiempo que menciona que entonces se estaba labrando de nuevo la Casa de la Villa, dedica unas palabras a la Plaza Mayor, Platería y calles vecinas y no puede menos de admirarse del conjunto arquitectónico que ofrecen escribiendo: «es de ver tantas casas de un altor y manera de labranza».

Las noticias se multiplican en los años que la corte de Felipe III se asienta en nuestra ciudad y de entre ellas podemos escoger las que proporcionan un español, el cómico Agustín de Rojas de Villandrando; un francés, Bartolomé Joly, consejero y limosnero del rey de Francia; y un portugués, Tomé Pinheiro da Veiga, cuya obra ha podido llegar en nuestro idioma a todos los lectores gracias a la infatigable pluma de D. Narciso Alonso Cortés, ramillete de noticias que puede adornarse con las que ofrecen unos anónimos *Cuatro romances en alabanza de Madrid y Valladolid*, también publicados por el maestro Alonso Cortés.

El primero, Rojas, en su *Viaje entretenido* (224) hace hablar a dos personajes, uno de los cuales dice a su interlocutor que la Plaza Mayor de Valladolid «es la mejor que yo he visto en España» y que «es tan grande y está hecha con tanto nivel, que no discrepa una casa de otra cosa ninguna».

Para el segundo, Joly, que visitó España con indudables prejuicios que se traslucen en las noticias de su obra (225), Valladolid es lo que se llama una ciudad mal he-

(223) En *Viajes de extranjeros por España y Portugal*. Madrid, 1952. Tomo I, pág. 1412.
(224) En *Nueva Biblioteca de Autores Españoles*. Tomo 21, página 566.
(225) *Viaje de España*. En *Viajes de extranjeros por España y Portugal*. Tomo II, pág. 90.

cha; las calles no son ni rectas ni anchas; sólo una (¡menos mal!) que es la Platería, está bien alineada, construida con un golpe de casas iguales, y grandes puertas, ventanas, rejas y balcones. Pero a pesar de sus prejuicios no puede menos de admirar la Plaza Mayor de la que asegura que, al decir de los que han viajado, es de las más bellas de Europa, y agrega que es más larga que ancha, teniendo de circuito setecientos pasos y estando rodeada toda ella con pórticos de columnas de piedra de igual altura y cuyas casas construidas encima de los pórticos son iguales no sólo en altura sino en anchura y número de huecos, de los que escribe haber tres en cada casa, uno encima del otro, y trescientos treinta en la totalidad. No deja de consignar el buen efecto que producen las avenidas de las catorce calles que van a desembocar a la Plaza ni la existencia de una pequeña de forma triangular, el actual Corrillo, formando parte del Ochavo [sic] y bien dotada de tiendas y artesanos.

Pinheiro, el portugués que vivió en Valladolid y conoció a sus habitantes y sus costumbres, que describió la ciudad y sus alrededores, que dejó un cuadro minucioso de sus procesiones de Semana Santa y de sus fiestas (226), Pinheiro captó con exactitud lo que suponía la reforma urbana de Valladolid después del incendio de 1561 y se detuvo en resaltar la construcción por una misma traza de la Plaza Mayor, Ochavo, Platería, Rinconada y demás calles de columnas o soportales, con la misma proporción y simetría en las ventanas «que es lo bueno que hoy tiene».

Según él, los edificios y casas de Valladolid, de los cimientos para arriba, son de tapia de cuatro palmos de

(226) THOMÉ PINHEIRO DA VEIGA. *Fastigimia (Pincigraphia ou descripçao e historia natural e moral de Valhadolid.* Porto, 1911.
THOMÉ PINHEIRO DA VEIGA. *Fastiginia o Fastos geniales.* Traducción del portugués por Narciso Alonso Cortés. Valladolid 1916.

ancho, tan fuerte que, en acabándose de batir, con dificultad se mete un clavo en ella, como si fuere de ladrillo, por la fortaleza de la tierra. Sabe que los edificios principales son de cantería, pero los demás de madera y ladrillo del llamado de tabique (adobes), mas todo con yeso, con lo cual queda fortísimo. El aspecto exterior de todos ellos es agradable «porque con almagre los pintan a modo de ladrillo, con blanco entre uno y otro».

Es muy precisa esta descripción que rectifica, aclarándola, la de Damasio de Frías cuando dice que la nueva edificación es «todo de ladrillo». Coincide aquélla también con los capítulos u ordenanzas de la villa, antes citados, en su número 8 (227) que, al tratar de las casas de consistorio, precisa que llevarían cimientos, esquinas y puertas de piedra y que las paredes traseras y de los lados serían «de albaeria» por estimarla obra más breve, menos costosa y sin embargo, «de arta prespectiva». Puede admitirse que los dos sistemas se emplearían en la construcción, pero conociendo las dificultades para adquirir ladrillo y su coste así como la tradición de uno y otro en nuestra ciudad, creemos que el procedimiento de adobe con revoco de yeso o el más sencillo de tapial encajonado entre pilas e hileras de ladrillo o armazón de madera, sería el más usual (228). Confirma nuestro criterio el acuerdo tomado por el Ayuntamiento, en 1604, mandando que las casas se edificasen conforme a una traza determinada, con tres pisos, y la fachada pintada de blanco y encarnado (229) pues resulta extraño aunque no sea imposible, que tal pintura se aplicase a un paramento de ladrillo.

La Plaza Mayor, al decir de Pinheiro, con sus proporcionadas dimensiones, sus casas de tres pisos con balco-

---

(227) Véase pág. 94.
(228) MARTÍN GONZÁLEZ. Ob. cit., pág. 91.
(229) Citado en ALONSO CORTÉS. Miscelánea vallisoletana. Tomo I, pág. 186.

nes, ventanas y azoteas que la rodean por encima y columnas por debajo, resulta la más hermosa plaza que hay en Castilla. Y hemos de admitir que Pinheiro describe las casas que vio, que estaban hechas de tres pisos, con ventanas iguales y las primeras de balcones que son gradas con salientes de hierro con sus balaustres (230) pues no podía haberse puesto en ejecución todavía otro acuerdo tomado por el Ayuntamiento en enero de 1604 de que para mayor ornato de la ciudad «se hechen balcones en las bentanas de enmedio de las casas de la Plaça» (231).

Otras alusiones a la Plaza Mayor de Valladolid cuya fama había trascendido considerablemente, corren en verso hacia 1606 en unos pliegos que constituyen el *Segundo quaderno de quatro Romances en alabança de Madrid y Valladolid y despedida de los cortesanos*, impreso en Alcalá de Henares (232).

El primero de dichos romances dice:

> *Veo su gallarda plaza*
> *que es paraíso en la tierra,*
> *a todo vuelvo los ojos*
> *y toda ella me contesta.*

Y el segundo, más halagador en sus palabras

> *¿Non yace aquí vuesa plaza*
> *cuya beldad peregrina*
> *la de Génova oscurece*
> *siendo Génova la rica?*

---

(230) «E agora nao deixam levantar nenhum edificio senao pela traça da cidade que he de tres sobrados, janellas iguaes e as primeiras de balcoens que sao grades com sacadas de ferro com seus balaustres e sao os mais bem lavrados que ha em Europa, a dito de todos». *Ob. cit.*, pág. 330.

(231) Citado por ALONSO CORTÉS. *Ob. cit.* Tomo I, pág. 186.

(232) Citado por ALONSO CORTÉS. *Ob. cit.* Tomo I, pág. 174.

mientras que el cuarto ofrece un elogio absoluto:

> Saliéndose a pasear
> Valladolid por su Plaza,
> la mejor que tiene el mundo,
> un lunes por la mañana.

También un solo verso dedica Lope de Vega a todas las plazas de Valladolid en otro romance en que habla de las grandezas de España:

> Díxele que aquí no había
> Iglesia como en Toledo
> ... ...
> jardines como en Valencia,
> como en Zaragoza templos
> plazas en Valladolid
> como en Barcelona puerto,
> ... ...

Más noticias y descripciones de la Plaza Mayor reunió Don Narciso Alonso Cortés en sus notas y comentarios a los romances antes citados, destacando como más minuciosa, la que hacen Medina y Mesa (233), muchas de las cuales ha recogido Juan José Martín González en su estudio *La arquitectura doméstica del Renacimiento en Valladolid* (234) y muy recientemente en su artículo *Anotaciones sobre la Plaza Mayor de Valladolid* (235).

En 1672 publica el francés H. Jouvin su obra *El viajero de Europa* (236) en cuyo tomo segundo ofrece varias noticias sobre las poblaciones españolas que conocía tal vez

---

(233) ALONSO CORTÉS. *Ob. cit.* Tomo I, pág. 193.
(234) Valladolid, 1948. Pág. 35.
(235) En *Boletín del Seminario de Estudios de Arte y Arqueología.* Tomo XXV (1959), pág. 161.
(236) En *Viajes de extranjeros por España y Portugal.* Tomo II, pág. 777.

ficticiamente, es decir, sin haberlas visitado. De entre las
dedicadas a Valladolid, mencionaremos las que se refieren a la Plaza Mayor «que es más grande —afirma— que
la de Madrid, puesto que tiene de larga ciento ochenta
pasos y de ancha ciento veinte» y agrega que las casas
están pintadas de tal suerte que se diría que están fabricadas de ladrillo.

El aspecto general de la Plaza Mayor y demás calles
reedificadas varió muy poco en los siglos XVII y XVIII según demuestran las descripciones de Canesí (237), del anó-
nimo adicionador de Antolínez de Burgos en el ejemplar
manuscrito de su *Historia de Valladolid* ilustrada por el
pintor vallisoletano Diego Pérez Martínez con interesan-
tes dibujos de monumentos y lugares de la ciudad (238) y
del ilustre viajero Ponz (239).

La descripción de la Historia de Valladolid que podemos llamar de Diego Pérez coincide con la de Pinheiro,
que amplia en pormenores. Después de reseñar el incendio tal como consignamos al comienzo de este estudio,
agrega a tales datos de Antolínez, una referencia de las
nuevas construcciones, del siguiente modo:

«Bolbiosse a edificar todo lo arruinado de traza mui
elegante y edificios tan conformes bistossos que en España
ni fuera de ella no se sabe aya otros que puedan compe-
tirlos: su fabrica se compone de bodegas de piedra y pis-
sos de encima de ellas de gruessos tirantes y sus cepas

---

(237) MANUEL CANESÍ. *istoria de Valladolid*. Tomo VI, hojas 19 v.ª
y 20.

(238) NARCISO ALONSO CORTÉS. La *Historia de Valladolid en un
curioso manuscrito*. En *Boletín de la Academia de Bellas Artes de
Valladolid*. N.º 15, (1936). pág. 3. Incluído más tarde en *Miscelánea
vallisoletana*. Tomo II, pág. 353.

JUAN JOSÉ MARTÍN GONZÁLEZ. *Dibujos de monumentos antiguos
vallisoletanos*. En *Boletín del Seminario de Estudios de Arte y Arqueología de Valladolid*. Tomo XIX (1952-53), pág. 23.

(239) AGUSTÍN PONZ. *Viaje de España*. Tomo XI, carta IV. En la
edición de 1947, págs. 980-981.

de piedra mampuesta; sobre estas bodegas se fundaron las cassas, todas las' mas con soportales; todas las puertas se componen de pilastras de piedra cardena de bastante altura y sobre ellas sus dinteles de una pieza cada puerta, que carga cada punta al medio de la pilastra que dibide, guardando su simetria a la parte de fuera de los portales sus colunas con bassas, capiteles y zapatas de la mesma piedra, todas las cañas de las colunas y de las pilastras de una pieza aunque ai algunas que tienen 16 pies de alto; sobr'estas colunas cargan todas las cassas y estas colunas estan sobre las cepas mampuestas. Las cassas son de tres altos bastante hemossos, en el primer alto, sus bentanas con balcones de yerro, en el segundo alto sus bentana cuadrada, y en el tercero dos bentanas pequeñas; toda la fabrica es de bobedillas de madera labrada y los buelos de los tejados, y entre caveza y caveza, su rremate torneado; es todas las fachadas [sic] de ladrillo con sus arcos en cada ventana; es fabrica mui hermossa que su figura es como se demuestra». Seguidamente figura el dibujo ilustrativo reproducido hace algunos años por Martín González (240) y que también acompaña a estas páginas.

La precedente descripción discrepa de la de Pinheiro en dos puntos: Uno, el material de las fachadas, que aquí se dice ladrillo como había dicho Damasio de Frías. Sin contar con que el tiempo transcurrido desde la construcción hasta el relato y dibujo que permitió modificaciones en la estructura arquitectónica, seguimos inclinándonos del lado del portugués. Otro es el de los balcones. Es extraño que desde 1604 a 1759 no se hubieran puesto los balcones a las ventanas de en medio. Pensamos que el acuerdo pudiera referirse al primer piso y no al segundo

---

(240) *La arquitectura doméstica del Renacimiento en Valladolid*. Lam. LXXVII.

Casas de la Plaza Mayor. Dibujo de Diego Pérez Martínez (Siglo XVIII).

Fachada del monasterio de San Frascisco en la Plaza Mayor. Dibujo de Diego Pérez Martínez (Siglo XVIII).

y que los balcones sustituirían a los antepechos ordenados por el doctor Gasca, interpretación que iría de acuerdo con el dibujo en cuestión.

Ponz no se detiene en estas cuestiones, solamente compara el número de casas ruinosas y de las total o parcialmente caídas de la ciudad con la riqueza y suntuosidad que indican las columnas de los soportales y las portadas de piedra de las casas y tiendas, que atribuye erróneamente a la «opulencia antigua de Valladolid» y no a la munificencia de un monarca.

Solamente cuando las casas del siglo XVI fueron acabando su vida y o se restauraron o reconstruyeron, fue modificándose aquel aspecto con la aparición de balcones en todos los pisos y la supresión de las calles de los Corrillos, situadas entre la de la Lonja y el rincón de la Plaza que desemboca en el lugar que actualmente conserva dicho nombre.

En el centro del lado mayor del rectángulo de la Plaza, correspondiente al septentrión, en terrenos expropiados a varios vecinos, principalmente a don Juan de Figueroa (241) se levantó el Ayuntamiento nuevo de 1561, cuyos primitivos planos elegidos por el Concejo, fueron de Juan de Escalante (242) aunque no puede afirmarse que los aprobados por Felipe II fueran ellos y no de Francisco de Salamanca, e incluso que, como sucede en obras de larga duración, hubiese posteriores modificaciones debidas a los sucesivos directores de aquélla. A lo largo de estas páginas se han ido dando noticias sobre las obras del edificio.

Agapito Revilla demuestra documentalmente intervenciones de Juan de Salamanca, Francisco de Montalván,

---

(241) A. M. Va. Libro de acuerdos n.º 8 (1561-1568). Sesión de 14 de noviembre de 1567.
MANUEL CANESÍ. Ob. cit Tomo VI, hoja 12.
(242) A. M. Va. Libro de acuerdos n.º 8 (1561-1568), fol. 127.
Véase anteriormente pág. 29.

Juan de Herrera, Pedro de Mazuecos el joven y Diego de Praves y que el Ayuntamiento no estuvo definitivamente instalado en él hasta 1604 (243). Aunque mucho antes, en 1564, según Canesí, el Concejo se trasladó al nuevo edificio no terminado, que ciertamente fue aprovechado ya cuando la llegada a Valladolid de la reina Isabel de Valois (244) y posteriormente para establecer servicios municipales (245) a medida que la construcción avanzaba.

Del siglo XVIII es una breve pero interesante descripción del edificio incluso la distribución de locales para las distintas oficinas municipales (246). Y otra recientísima ha sido publicada por Martín González con juicios sobre el estilo arquitectónico del edificio (247) al que califica como «uno de los primeros albores en España del que algunos han denominado estilo Austria», por lo que omitimos su exposición en este lugar.

Frente por frente levantaba su fachada el monasterio de San Francisco, uno de los más antiguos e importantes de la población (248). El aspecto de aquélla fue ordenado

---

(243) JUAN AGAPITO REVILLA. *Las casas consistoriales de Valladolid.* En *Boletín de la Sociedad Castellana de Excursiones.* Tomo IV (1909-1910), pág. 115.

(244) El Ayuntamiento acordó que «en el sitio de las casas de consistorio que agora se haze» se preparase un teatro y tablado «desde el que S. M. pudiera asistir a las fiestas si así le agradare. A. M. Va. Libro de acuerdos n.º 8 (1561-68). Sesión de 17 de abril de 1565.

(245) Se acordó en 7 de enero de 1566 que en el edificio de la casa nueva del Consistorio, se hiciera un aposento para el peso.

(246) NARCISO ALONSO CORTÉS. *La antigua casa consistorial.* En *Miscelánea Vallisoletana.* Tomo II, pág. 23.

(247) JUAN JOSÉ MARTÍN GONZÁLEZ *El antiguo Ayuntamiento de Valladolid.* En *Boletín del Seminario de Estudios de Arte y Arqueología.* Tomo XVII (1950-51), pág. 115.

(248) FRANCISCO ANTÓN. *Obras de arte que atesoraba el monasterio de San Francisco, de Valladolid.* En *Boletín del Seminario de Estudios de Arte y Arqueología.* Tomo IV (1935-36), fasc. XI y XII, pág. 19.

JUAN JOSÉ MARTÍN GONZÁLEZ. *Dibujos de monumentos antiguos vallisoletanos.* En *Boletín del Seminario de Estudios de Arte y Arqueología.* Tomo XIX (1952-53), pág. 33.

en los capítulos propuestos por el licenciado Vargas y aprobados en 1564 (249).

Destaca por lo que representa la época, la preocupación por el bien espiritual de los vecinos y habitantes que asistiesen a ferias y mercados en días de precepto y aun en los no feriados, procurando un lugar en alto donde pudiera decírseles misa, que ellos oirían desde cualquier ámbito de la Plaza, sin alejarse de los objetos propios de sus tratos y negocios, idea tomada de Medina del Campo, como muy bien apunta Martín González en su artículo citado.

Quisiéramos terminar resumiendo, como aconsejaba Gracián, «con breves palabras, inmortales hechos». En todo cuanto hemos dicho hay un Héroe famoso que mueve los hilos de los hechos que luego serán Historia: el vallisoletano Felipe II.

Él regula, vigila cuidadosamente y favorece la reconstrucción de su villa natal. Bajo este cuidado surge una ciudad moderna y una nueva Plaza Mayor que ha de servir de modelo para las de Madrid y otras ciudades españolas. Él, rey absoluto, lucha democráticamente por el bien de la población en general contra los derechos y privilegios de los exentos de la sisa. Él provee de fondos por los mejores y menos costosos medios usuales en la época para sufragar los gastos todos del Valladolid que como el ave fénix renace de sus cenizas y se presenta rejuvenecido ante la mirada de nacionales y extranjeros.

Junto a él, bajo sus instrucciones, una legión de hombres que obedecen y siguen sus órdenes que a veces ponen reparos a ellas e incluso se las discuten con recursos legales ante los tribunales: Corregidores y regidores, mayordomos y directores técnicos de la obra; maestros de oficios y

(249) Véase pág. 105.

peones, y los propios vecinos que más de una vez hubieron de trasladar la propiedad de sus casas a lugares distintos de los solares que lo eran de sus familias, ese conjunto de hombres conocidos y anónimos cuyos apellidos se oyen todavía en nuestros días, que con su esfuerzo material, su sacrificio moral y económico y su amor a Valladolid hicieron posible, en un aunar de voluntades, el prodigio de la nueva ciudad.

A todos ellos, desde el Rey al último menestral, vallisoletanos de nacimiento o de adopción, recordamos ahora con reconocimiento por cuanto hicieron en pro de Valladolid, deseando únicamente que sus obras sirvan de ejemplo a los vallisoletanos de hoy, de mañana y de siempre.

TERMINÓSE DE IMPRIMIR EN LOS TALLERES DE GRÁFICAS ANDRÉS MARTÍN, S. A. JUAN MAMBRILLA, 9, VALLADOLID, EL DÍA 22 DE ABRIL DE 1960.

DEO GRATIAS